EDELTRAUD RÜCKERT

DIE ERFOLGSDIÄT
Das Kochbuch nach Low Carb

Mehr als 160 delikate Rezepte

Abnehmen mit wenig Kohlenhydraten

Verlag Ernst Kaufmann

Ich danke allen,
die mir geholfen haben, dass dieses Buch entstehen konnte:
Meinen »mutigen« Verlegern Michael Jacob und Thomas Schneble. Frau Schupp und Herrn Henneböhle, die meine Texte überarbeitet haben. Gabi für die tolle Satzarbeit, Gerhard der alle Computer-Probleme löste. Dem Drucker Gerold, der selbst am Neujahrstag angedruckt hat.
Meiner Nachbarin Maria für das gartenfrische Gemüse.
Meinem Mann, der das Gekochte teils leidvoll probiert hat, denn nicht alles hat immer auf Anhieb geklappt. Er bekommt von mir eine Tapferkeitsmedaille.
(Oder vielleicht doch eine Praline?)

Ihnen liebe Leserin, lieber Leser, danke ich dafür,
dass Sie dieses Buch gekauft haben.

Inhalt

Vorwort   5

Frühstück und Lunch   10

Suppen   24

Fleisch   34

Geflügel   62

Fisch und Meeresfrüchte   82

Käse   102

Gemüse und Salat   114

Dessert   130

Nährwerte   138

Register nach Kapitel   140

Register von A – Z   142

Impressum   144

Liebe Leserin, lieber Leser,

rosarote Pausbacken, blonde Locken, Mutters Stolz, Mutters Glück.
Schon als Kind ein echter Wonnebrocken, schon damals überfüttert und übergewichtig: Mein Mann.

Seit ich ihn kenne, erlebe ich ihn als einen lebensfrohen Genießer und Optimisten.
Ein ganz lieber Kerl, vielleicht der beste Ehemann der Welt. Groß, stattlich, selbstbewusst, so sehe ich ihn, so lieb ich ihn.
Was immer er tat, was immer er tut, immer das volle Programm, immer hundert Prozent.
Ein Leben am Limit, oft an den Grenzen zur Übertreibung. Sinnliche Ausschweifungen mit einem ausgeprägten Hang zur Völlerei.
Leben pur.

Irgendwann hat seine Körperfülle die Dimensionen eines stattlichen Sumo-Ringers erreicht.
Sein leidenschaftliches Essen ist nicht ohne Folgen geblieben. Für ihn kein Problem, für mich kein Problem. Mein Sumo ist glücklich, und ich liebe jedes Gramm an ihm. Topfit und kerngesund. Ein Power-Pack, ein Phänomen.

Wozu also abnehmen? Etwa weil die Klamotten nicht mehr passen? Schickes in 10 XL gibt's im Internet, tolle Jeans bei Neckermann, gediegen Konservatives vom bayrischen Spezialversender. Dick-sein kann so schön sein. Und Liebe macht wahrscheinlich blind.

Dann kommt der Schock: Wir besuchen unseren Hausarzt, einen Doktor der mittlerweile seltenen Art. Der noch Hausbesuche macht. Wenn es sein muss, auch weit nach Mitternacht.

»Rauchst du noch? Hast du zugenommen?«
Die üblichen Fragen, der übliche Check.
Reflexe, Lunge, Hals. Die Leber trotz ordentlichem Polster zu ertasten. Vergrößert?
Blutdruck. Naja, grenzwertig, oberer Bereich – weniger rauchen, weniger Kaffee.
Und dann: »Deinen Blutzucker sollten wir wieder einmal messen.«
Ein Schock, fast 300 mg. – Ein Wert, weit jenseits von Gut und Böse. Diabetes melitis.

Unwillig lässt Sumo sich wiegen.
Die Skala der Waage reicht nicht aus, um sein Gewicht genau zu bestimmen. Jedenfalls sind es wesentlich mehr als 150 Kilo.
Das Wiegen auf der Tabakwaage einer Zigarettenfabrik bringt Klarheit: exakte 157 Kilo. Brutto.

Ab jetzt gibt es nur drei Alternativen: Tabletten, Spritzen oder Abnehmen.

Mein Sumo entscheidet sich fürs Abnehmen.
Abnehmen? Nichts leichter als das!
Good-bye Sahnetorte, Pizza, Pasta, Pommes und handgeschabte Spätzle. Ab sofort Selters statt Cola, Wasser statt Wein. Und dazu ganz viel Bewegung. Jetzt will er es wissen.
Er will es allen beweisen. Und er übertreibt. Wie so oft.

Er legt los, fängt an mit Nulldiät. In den folgenden Etappen lebt er nur von hartgekochten Eiern. Oder nur von Knäckebrot mit Magerquark, Blattsalat, Selleriestangen, Joghurt.......
Er wird launisch und gereizt. Sogar unser Hund geht ihm aus dem Weg.

Sein Bewegungsprogramm, morgendliche Bodengymnastik. Er exerziert – und sorgt für allgemeine Heiterkeit. Die Kommentare unserer Kinder werden zunehmend pietätloser. Kinder sind gnadenlos ehrlich. Somit erledigt sich das Thema Morgengymnastik.

Er kauft sich ein Fahrrad. Ein stabiles mit ungefähr 12 Gängen, breiten Reifen und einem etwa tellergroßen Sattel. Ferrarirot.
Wenn schon, dann ferrarirot. Im frühen Dunkel geht er auf Tour. Atemlos, sprachlos, fix und fertig kehrt er zurück, als hätte er 10 Kilometer abgestrampelt. Ja, auch zwei Kilometer sind eine tolle Leistung!

Immerhin: Mehr als 10 Kilo hat er abgenommen und sein Zucker bewegt sich im idealen Bereich. Er ist stolz. Das Experiment ist geglückt, der Erfolg gibt ihm Recht.
Er kennt jetzt die Regeln, weiß, wie es geht:
Ein Experte fürs Abnehmen, ein Meister,

ein Guru..... Leider nur für eine kurze Zeit. Irgendwann sind bei ihm sämtliche Dämme gebrochen. Es gibt vieles nachzuholen.
Mit nahezu ritueller Hingabe legt er los. Schneller als die Pfunde unten waren, sind sie wieder oben. Und einen ordentlichen Bonus gibt es noch dazu.
Kommt Ihnen das irgendwie bekannt vor?

Diäten

Gemeinsam suchten wir nun nach der passenden Ernährung und probierten fast alle gängigen Diäten aus. Gegessen hat Sumo stets streng nach den vorgegebenen Regeln. (Bis auf winzig kleine Sünden). Sämtliche Reduktionsdiäten ließen Pfunde purzeln, einige mehr, andere weniger. Doch mit den Zuckerwerten ging es auf und ab, unerklärlich, unkontrollierbar. Und auch das Gewicht war ein gnadenloses Jojo.

Uns wurde klar, dass offenbar Kohlenhydrate das Problem waren. Nahezu zwangsläufig landeten wir bei der Atkins – Diät.

Dr. Atkins war ein übergewichtiger Herzspezialist. Er hat für sich eine Diät entwickelt, die alle gängigen Lehrmeinungen auf den Kopf stellt. Eine Provokation für die Wissenschaft, galt doch bisher der Grundsatz, dass man nur durch weniger Kalorien abnimmt.

Die ursprüngliche Empfehlung von Dr. Atkins war, in der ersten Diätwoche höchstens 5 Gramm Kohlenhydrate pro Tag zu essen. In dieser Zeit vollzieht sich die Umstellung des Stoffwechsels. Die eigenen Fettreserven werden zur Deckung des Energiebedarfs verbrannt.
Sobald der Körper eigenes Fett verbrennt, scheidet der er so genannte Ketone aus.
Im Urin können diese Ausscheidungen mit Ketonsticks gemessen werden. Ketonsticks gibt es in der Apotheke.
Jede Woche kann dann der tägliche Anteil an Kohlenhydraten um 5 Gramm erhöht werden – also in der 2. Woche täglich maximal 10 Gramm Kohlenhydrate. In der 3.Woche dürfen bis zu 15 Gramm pro Tag gegessen werden. Ab der 5. Woche 30 Gramm.

Mein Sumo probierte die Diät und die Lösung schien gefunden: Er konnte sich satt essen. Jede Woche wog er weniger und sein Zucker war auf Normalwerte gesunken.

Der Doktor war von »unserer« neuen Diät überhaupt nicht begeistert, und seine Bedenken waren durchaus berechtigt.
»Zu viel Fett wird deine Arterien verstopfen. Du wirst nicht an Diabetes sterben, sondern bald an einem Herzinfarkt!« Doch Blutzucker und Cholesterin kann man ja messen, und Zahlen lügen nicht. Der Doktor staunte nicht schlecht, als die Ergebnisse vorlagen:
Beide Werte waren besser als jemals zuvor. So hat mein Mann trotz aller Vorbehalte die Diät fortgesetzt. Seitdem lebt er voll Lebensfreude, hat Energie und einen fast jugendlichen Elan, ist gesund, glücklich und zufrieden.
Was also wollen wir mehr?

Viele Studien haben sich zwischenzeitlich mit den Erfolgen kohlenhydratarmer Diäten und Ernährungsweisen beschäftigt. Immer, wirklich immer, haben die Gruppen, die sich mit wenig Kohlenhydraten ernährten, am meisten Gewicht verloren. Nicht nur ein paar Pfunde, nein, teilweise doppelt so viel. Weltweit über 50 Millionen Low Carb-Anhänger können nicht irren, darunter viele bekannte Persönlich-keiten wie Bill Clinton, Robby Williams, Brad Pitt, Julia Roberts, Britney Spears. (Sowie einige nicht ganz so bekannte Persönlichkeiten wie K. Schäfer, F. Bühler, der Wirt vom Gasthaus zur Eiche und mein Sumo.)

Low Carb Diäten

gibt es in verschiedenen Varianten. Low Carb bedeutet »wenig Kohlenhydrate«. Nach dem Prinzip »Essen mit wenig Kohlenhydraten« funktionieren auch die Diäten nach Dr. Lutz, South Beach, Sears, Montignac, Logi, Paleo, Glyx, die Neue Atkins Diät und noch einige mehr. Vom Grundsatz her unterscheiden sie sich nicht, lediglich durch unterschiedliche Vorgaben. Wichtig ist, Sie leben Low Carb. Es wird Ihrem Körper gut tun und Ihnen viel Freude bereiten.
Low Carb Diäten sind keine Crash-Diäten,

sondern langfristig ausgelegt. Wie schnell Sie abnehmen, entscheiden Sie selbst. Klar können Sie den Konsum Ihrer Kohlenhydrate auf Null herunterfahren. Das bringt kurzfristig einen spektakuläreren Gewichtsverlust, ist aber ungesund und wird deshalb entschieden von mir abgelehnt. Bleiben Sie realistisch, Wunder sind selten.

Ohne Illusionen lässt sich einfacher abnehmen. Setzten Sie sich realistische Ziele. Nach meiner persönlichen Erfahrung ist es möglich, mit einer Menge von täglich etwa 30 g Kohlenhydraten ungefähr 2 Kilo je Woche abzunehmen. Mit täglich etwa 60 g Kohlenhydraten sind locker 2 Kilo pro Monat möglich. Mit täglich bis 100 g lässt sich das Gewicht halten, ab 100 g und mehr tut sich nichts, absolut gar nichts. Kurz gerechnet: 2 Kilo pro Monat macht 24 Kilo im Jahr. Das ist doch was!

Bevor Sie starten, sollten Sie sich gründlich untersuchen lassen: Cholesterin, Blutzucker, Triglyzeride und Blutdruck checken. Wenn Ihr Arzt Bedenken hat, lassen Sie es bleiben. WARNUNG: Diese Ernährung eignet sich nicht für Schwangere, Kinder und Menschen mit einer gestörten Nierenleistung oder einer Nierenschädigung. Auch Menschen mit einer krankhaften Essströrung sollten diese Diät nicht anwenden, sie brauchen professionelle Hilfe.

Was darf man essen?
Überwiegend Fisch, Geflügel, Fleisch, Wurst, Schinken, Käse, Eier, Gemüse, Salat, einige Obstsorten und verschiedene Milchprodukte. Damit dürfen Sie sich täglich nach Lust und Laune richtig satt essen und alles mit viel Freude genießen.

Was darf man nicht essen?
Zucker, Süßigkeiten, zuckerhaltige Getränke und zuckerhaltige Süßspeisen sind verboten. Alle stark stärkehaltigen Lebensmittel, Teig- und Backwaren aus Weißmehl, Reis, einige Obst- und Gemüsesorten, sowie verschiedene Hülsenfrüchte müssen reduziert werden. Eigentlich ganz einfach.

Trinken
ist noch viel wichtiger als essen, auch wenn Sie keine Diät machen. Zwingen Sie sich, täglich mindestens 2 Liter Wasser zu trinken, 3 Liter sind besser. Über Tee und Kaffee streiten die Experten. Wenn Sie ihn vertragen, warum also nicht? Alkohol, wenn überhaupt, dann nur in ganz kleinen Mengen. Ein Gläschen trockener Wein kann nicht schaden, jedenfalls nicht in kleiner Menge. Sumo gönnt sich hin und wieder ein Glas Bier. Sein Favorit ist »Jever fun«, das hat gerade mal 28 g Kohlenhydrate je 100 ml und ist alkoholfrei. Braver Sumo.

Kleine Sünden
sind all zu menschlich, das kann passieren. Machen Sie sich nicht verrückt deswegen, doch lassen Sie es nicht zur Regel werden. Es gibt immer wieder besondere Anläse, wie Geburtstage und Weihnachten. Kleine Ausnahmen, die Ausnahmen bleiben sollen. Und wenn die Gier nach Süßem kommt, gönnen Sie sich ein kleines Stück Edelbitter-Schokolade mit mindestens 70% Kakao. Laut »Nestle« haben 100 g ihrer schwarzen Schokolade 27,4 g Kohlenhydrate. Auch hier gilt, weniger ist oft mehr.

Kontrolle muss sein
besonders am Anfang Ihrer Diät. Notieren Sie akribisch, was Sie gegessen haben. Nur so können Sie den Erfolg Ihrer Diät überprüfen und Fehler erkennen. Wiegen Sie sich höchstens einmal pro Woche, immer am gleichen Wochentag, immer zur selben Zeit. Ständiges Wiegen bringt nichts, zu groß sind die täglichen Schwankungen.

Rechnen Sie nach
Seien Sie kritisch und überprüfen Sie Nährwertangaben, die Sie in einigen Diätbüchern finden. Ein wirklich guter Rat.
Die Nährwertangaben in meinem Kochbuch wurden teilweise von einem Ernährungswissenschaftlichen Institut berechnet und mit einem speziellen Computerprogramm und größter Sorgfalt ermittelt. Einige Nährwerte sind entsprechend den Herstellerangaben.

Für Ihre eigenen Berechnungen empfehle ich Ihnen eine Software von PRODI® oder von der »Deutschen Gesellschaft für Ernährung«, die Sie im Internet bestellen können. Zumindest sollten Sie eine konventionelle Nährwerttabelle verwenden, Ihr Buchhändler wird Sie gerne beraten.Allen, die sich ernsthaft mit dem Thema Low Carb befassen möchten, Hintergrundwissen, Fakten und solide Informationen wollen, empfehle ich folgende Bücher:
»Leben ohne Brot« von Dr. Wolfgang Lutz, »Living Low Carb« von Fran McCullough.

Sport
ist noch immer ein Reizwort für meinen Sumo. Sein ferrariroter Flitzer ist mittlerweile von einer mindestens millimeterdicken Staubschicht eingehüllt. Zu kalt, zu warm, zu früh, zu spät, zu müde, kein Bock, keine Zeit. Jaja morgen, oder am Wochenende, aber ganz sicher in der nächsten Woche. Sein Arsenal an logisch klingenden Ausreden scheint unerschöpflich zu sein. Ein bequemer Bewegungsmuffel, ein fauler Sack. Kennen Sie das?
Sie müssen sich kein Trampolin ins Wohnzimmer stellen (in einem Diätbuch empfohlen), für den Anfang genügt es, wenn Sie Ihre Alltagsaktivitäten erhöhen. Treppen steigen, Parken in der hintersten Reihe, ausgiebiges Shopping – volle Tüten tragen, mehr Sex. Schon dadurch erhöhen Sie Ihren täglichen Verbrauch ganz enorm.
Bewegung und Sport sind einfach gut. Gut für den Körper, den Geist und die Seele. Baut Stress ab und hilft beim Abnehmen. Wenn Sie es selbst erlebt haben, wird es Ihnen bald viel Freude machen und Sie werden nicht mehr darauf verzichten wollen.

Mein Sumo ist mittlerweile Mitglied in einem Fitness Studio. Mit Jahresabo. Für mich eine Muckibude für lendenlahme Mittvierziger, Halbsportler, Kugelmenschen und alternde Selbstdarsteller. Mit neuesten Geräten, von Therapeuten empfohlen, alle individuell einstellbar, alle manuell zu justieren. Dazu halblaute Schlager und Volksmusik.
Alte Kollegen, gute Kumpels, Jungs von

früher treffen sich, rackern sich gemeinsam ab. Anschließend gemütlicher Hock, Fußball, Autos, Heldentaten. Männerthemen........
Dazu ein Bier? Nein, eher Mineralwasserorgien (versichert er mir).

Jetzt wissen Sie fast alles –
– zumindest über meinen Göttergatten, dem – wie schon gesagt – vielleicht besten Ehemann der Welt.
Gerne möchte ich Ihnen aber auch ein wenig von mir erzählen. Ich bin 49 Jahre alt, verheiratet, Mutter erwachsener Kinder, mitten im Leben. Realistisch, optimistisch, lebensfroh, mag Menschen und Tiere. Sternzeichen Fisch, blaue Augen, normalgewichtig, überzeugte Low Carberin.
Das Kochen habe ich in einer bekannten, badischen Hotelküche gelernt und jahrelang Erfahrungen in einer Diätküche gesammelt. Dazu mein Leben mit Sumo.
Ich denke, das sind durchaus solide Voraussetzungen, um ein Kochbuch zu schreiben.
Ich möchte gerne meine Erfahrungen an Sie weitergeben.

Wie alle Hausfrauen stehe ich jeden Tag vor der gleichen Frage: Was soll ich kochen? Was wollen wir essen. Nicht immer leicht.

Offen gesagt, kann die Low Carb Diät recht schnell eintönig und langweilig werden.
Viel Wissen und einige Fantasie sind notwendig, damit sie jeden Tag Abwechslung auf dem Teller haben. Denn Monotonie ist das Ende jeder Diät.
Ich habe versucht den kulinarischen Bogen weit zu spannen, damit viele Vorlieben befriedigt werden. Feine Landküche, fast vergessene Kostbarkeiten, bodenständig Deftiges.
Regionale Schmankerl, mediterrane Hauskost, fernöstliche Delikatessen. Manchmal mit einem bisschen Luxus und edlen Zutaten, aber ohne exotischen Schnickschnack.
Ein Fundus, aus dem Sie täglich schöpfen dürfen. Von Sumo getestet, mit Genussgarantie.

Aus guten, einfachen Zutaten, ordentlichen Produkten, zum günstigen Preis, entstanden wahre Köstlichkeiten. Raffiniert einfache Gerichte, mit Vernunft gekocht, flott und ohne Stress. Sämtliche Gerichte wurden am heimischen Herd zubereitet, vier Kochplatten, ein Backofen. Das reicht, das geht, das können Sie auch. Der Beweis dafür ist meine Freundin Elisabeth, die Expertin für unbegabtes Kochen. (Sumo meint, sie ist sogar zu ungeschickt, um Dosenravioli aufzuwärmen). Somit unbedingt kompetent, um einige Rezepte aus diesem Kochbuch nachzukochen – ein echter Härtetest, für sie, für mich. Ihr Urteil: »Jeder, der lesen kann, kann nach diesem Kochbuch auch kochen.« Fast schon große Philosophie! Sie hat Recht, diesmal werde ich ihr nicht widersprechen.

Ich habe mich bemüht, die *Rezepte* klar und möglichst sachlich zu beschreiben, auf das Wesentliche reduziert. Viele Gerichte lassen sich nach Belieben zusammenstellen. Sie dürfen nach Lust und Laune experimentieren. Einige Rezepte haben eine Empfehlung für die passende Beilage. Sie können wählen.
Dazu gibt es jede Menge wertvoller Tipps: Wie Braten richtig knusprig wird, wie Fleisch durch Garen butterzart bleibt, wie Sie Low-Carb-like panieren, und noch vieles mehr.

Die *Zutaten* habe ich passend gewählt und fein aufeinander abgestimmt, die Mengen gut bemessen. Sie müssen nicht alles aufessen: wenn Sie satt sind, ist genug!
Verwenden Sie Sahne, Zwiebeln und Knoblauch eher sparsam, denn da stecken ordentlich viel Kohlenhydrate drin. Ja, schmeckt halt, aber Sie entscheiden.
Würzen Sie mit frisch gemahlenem Pfeffer und frischen Kräutern, salzen Sie dezent.
Streichen Sie Magerquark, diese geschmacklose Pampe, von Ihrem Einkaufszettel, es ist besser, wenn Sie Topfen kaufen. Es ist ein Speisequark, Fettstufe, hat ein rundes Aroma, viel Geschmack und ist vielseitig verwendbar.
Die *Nährwerte* habe ich entsprechend den angegebenen Zutaten und Mengen berechnet und – bis auf einige wenige Ausnahmen – immer pro Portion. Bei den Vorschlägen für Lunch und Frühstück, sind die Nährwerte teilweise pro 100 g angegeben.

Zum *Frühstück, Lunch,* und *Abendessen* können Sie essen, was Sie wollen, alles, worauf Sie Lust haben. Eier, Rollmops, Joghurt. Schinken, Käse, Bratwurst oder Wurstsalat. Zwischendurch auch einmal eine Scheibe Vollkornbrot. Essen Sie nahe Ihrer gängigen Essgewohnheiten. Lebensmittel, die Sie nicht vertragen, lassen Sie weg.

Mit diesem Buch möchte ich Ihnen Denkanstöße geben, Sie anregen, motivieren, trösten. Ihnen neue Wege zeigen, beim Kochen helfen.

Zur Erfolgsdiät wird es allerdings einzig und alleine durch Ihr Tun. Wenn Sie Ihr Ziel erreicht haben, werden Sie sich freuen und stolz darauf sein. Schön, wenn ich Ihnen mit diesem Buch dabei etwas helfen kann.

Ich wünsche Ihnen viel Spaß beim Kochen, viel Freude beim Abnehmen mit Ihrer Erfolgsdiät.

Herzlichst,
Ihre Edeltraud Rückert

PS: Insgesamt hat mein Mann über 39 Kilo mit Low Carb Ernährung abgenommen. Wir machen weiter, denn sein Gewicht ist bei weitem noch nicht ideal. Sumo meint dazu: »Das liegt vielleicht doch an meiner Kindheit, meinen Drüsen, meinen Genen.......«

Frühstück und Lunch

Rinderschinken mit Ruccola

Bresaola ist eine beliebte italienische Schinkenspezialität, gibt's im Feinkosttempel, beim guten Metzger und bei ALDI zu kaufen.

Etwa 15 Minuten vor dem Servieren auf großem Teller anrichten, damit er atmen und sein Aroma entfalten kann.

Die Ruccola-Blätter waschen, putzen und trocknen. Balsamico und 2 EL Olivenöl miteinander verrühren, salzen, pfeffern und Knoblauchzehe hineinpressen. Nochmals gut durchrühren und Ruccola mit dem Dressing vermischen.

Den angemachten Salat zum Schinken dazugeben. Zitronensaft und Olivenöl über den Schinken träufeln.

Mit einem Kartoffelschäler Parmesan darüber hobeln und mit einer Prise frischem Pfeffer würzen.

Zutaten
2 Portionen

160 g Bresaola
(ital. Rinderschinken)
35 g Ruccola
30 g Parmesan
1 Knoblauchzehe
1 TL Zitronensaft
4 EL Olivenöl
1 EL Balsamico
Pfeffer
Salz

Pro Portion	Kcal	KJ	Fett	Eiweiß	KH
Gesamt ca.	325	1358	20,7	32,8	1,8

Parmaschinken mit Melone

Parmaschinken, der Klassiker unter den luftgetrockneten, italienischen Schinken, ist auch bei uns eine sehr beliebte Delikatesse.

Als Vorspeise oder als kleine Mahlzeit gerne gegessen. Zusammen mit Melone ist es ein köstliches Essvergnügen.

Den hauchdünn geschnittenen Schinken etwa 10 Minuten vor dem Servieren auf einem großem Teller auslegen, damit sich sein Aroma entfalten kann.

Eine reife Melone in der Mitte aufschneiden, entkernen und in dünne Scheiben schneiden. (Riechen Sie vor dem Kauf an der Melone. Je intensiver ihr Duft, je reifer ist sie.)

Auf einem Teller anrichten und die Schinkenscheiben darüber legen, mit Kiwischeiben dekorieren.

Zutaten
2 Portionen

160 g Parmaschinken
200 g Honigmelone
1 halbe Kiwi

Pro Portion	Kcal	KJ	Fett	Eiweiß	KH
Gesamt ca.	262	1098	14,6	20,8	12,1

Tomaten
mit Pfeffercreme

Die Tomaten in der Mitte halbieren, aushöhlen, salzen und mit Küchenpapier trocken tupfen.

Den Frischkäse fein pürieren und 1 EL Crème fraîche darunter rühren, mit Salz und frisch gemahlenem Pfeffer würzen.

Ein TL grüne Pfefferkörner mit einer Gabel oder im Mörser zerdrücken. Zwiebeln, Schnittlauch und 2 Blatt Zitronenmelisse sehr fein hacken und mit der Käsemasse gut vermengen.
Die Käsemasse in einen Spritzbeutel geben und behutsam in die Tomaten füllen.

Limette halbieren und in feine Scheiben schneiden. Die Tomaten auf einer Platte anrichten, mit Limettenscheiben, Zitronenmelisse und Pfefferkörnern dekorieren.

Zutaten
2 Portionen

6 Tomaten, mittelgroß
200 g Frischkäse
(Philadelphia)
1 EL Crème fraîche
1 TL grüner Pfeffer
(eingelegt im Glas)
1 TL Zwiebeln
1 EL Zitronensaft
Zitronenmelisse
Schnittlauch
1 Limette
Pfeffer
Salz

Pro Portion	Kcal	KJ	Fett	Eiweiß	KH
Gesamt ca.	298	1238	27,1	7,6	6,3

Avocado
mit Kräutercreme

Eine reife Avocado waschen, trocknen, längs aufschneiden und den Stein herauslösen. (Drücken Sie vor dem Kauf leicht an der Avocado: Unreife Früchte sind hart, geben kaum nach und schmecken nicht.)

Das Fruchtfleisch mit einem Esslöffel herausschaben, bis ein Rand von etwa einem halben Zentimeter stehen bleibt. Mit etwas Limettensaft einreiben, damit sich keine unschönen braunen Flecken bilden.
Das Avocadofleisch zusammen mit dem Frischkäse, Crème fraîche, Pesto, Basilikum und der Knoblauchzehe in eine Schüssel geben und mit dem Pürierstab fein pürieren. Mit Salz und einer Prise Pfeffer abschmecken.

Die Kräutercreme in einen Spritzbeutel geben, behutsam in die Avocadohälften füllen. Mit Kräuter, Limettenscheiben und Melisse garnieren.

Zutaten
2 Portionen

1 Avocado (ca. 280 g)
150 g Frischkäse
(Philadelphia)
50 g Crème fraîche
1 Knoblauchzehe
2 Blatt Basilikum
1 TL Limettensaft
1/2 TL Pesto
2 Limetten
Zitronenmelisse
Pfeffer
Salz

Pro Portion	Kcal	KJ	Fett	Eiweiß	KH
Gesamt ca.	533	2226	55,3	7,6	10,9

Lachscarpaccio

Zutaten
2 Portionen

300 g Lachsfilet
30 g Ruccola
30 g Zwiebeln
1 TL Kapern
Zitronensaft
Balsamico,
Pfeffer
Salz

Gönnen Sie sich wieder einmal etwas besonders Feines: leckeren, geräucherten Wildlachs.
(Öko-Test Heft 12/2003 empfiehlt mit der Note „sehr gut" den mit der Angel gefangenen Kodiak-Wildlachs.)

Ruccola waschen, trocknen, mit einer Prise Salz und einem Hauch Pfeffer würzen und einen kleinen Nebel weißen Balsamico darüber sprühen.

Die dünn geschnittenen Lachsscheiben etwa 15 Minuten vor dem Servieren auf einem großen Teller auslegen, damit sich sein Aroma entfalten kann.

Über die Lachsscheiben eine Prise Pfeffer geben, mit ein paar Tropfen Zitronensaft beträufeln. Mit Kapern und fein geschnittenen Zwiebelringen garnieren.

Mit Ruccola anrichten. Tomaten oder ein knackig frischer Blattsalat schmecken sehr lecker dazu.

Pro Portion	Kcal	KJ	Fett	Eiweiß	KH
Gesamt ca.	454	1902	30,7	43,5	0,9

Frutti di Mare

Machen Sie sich das Kochen nicht unnötig schwer, kaufen Sie küchenfertigen Meeresfrüchtesalat. Sie bekommen ihn in jedem Fachgeschäft, im guten Supermarkt oder dort, wo ihn möglicherweise Ihr Lieblingsitaliener kauft.

Wählen Sie in Öl eingelegte Meeresfrüchte. Diese haben ein feines Eigenaroma und schmecken besser als einfach sauer eingelegter Meeresfrüchtesalat.

Die Meeresfrüchte in ein Küchensieb geben, warm abbrausen, bis das Öl abgewaschen ist, gut abtropfen lassen.

Die Paprikaschoten waschen, putzen, klein schneiden. Zusammen mit einer klein geschnittenen Knoblauchzehe und Oliven vermengen. Mit Salz, Pfeffer und Zitronensaft würzen und mit den Meeresfrüchten gut vermengen.

Zusammen mit einem pikant gewürzten Blattsalat serviert: ein köstliches Essvergnügen. Buon appetito!

Zutaten
2 Portionen

300 g Meeresfrüchte
(küchenfertig)
100 g Paprika
1 Knoblauchzehe
4 EL Zitronensaft
2 EL Olivenöl
6 Oliven
Pfeffer
Salz

Pro Portion	Kcal	KJ	Fett	Eiweiß	KH
Gesamt ca.	205	857	10,7	27,9	2,5

Eieromelett mit Champignon

Zutaten 1 Portion: 3 Eier, 2 kleine Champignons, 35 ml Sahne, 5 g Butter, Petersilie, Pfeffer, Salz

Zubereitung: Champignons anbraten und warm stellen. Eier mit Sahne verquirlen, salzen und pfeffern. Eine kleine Pfanne einfetten und die Eiermasse hineingießen, die Hälfte der Pilze dazugeben. Abdecken und bei kleinster Hitze etwa 15 Min. stocken lassen. Mit restlichen Champignons und Petersilie garnieren.

Pro Portion	Kcal	KJ	Fett	Eiweiß	KH
Gesamt ca.	431	1805	35,7	25,0	2,5

Pochierte Eier mit Tomaten

Zutaten 1 Portion: 3 Eier, 1 Liter Salzwasser, 3 EL Essig, 1 Tomate, Schnittlauch, 1 TL Salz

Zubereitung: Salzwasser mit Essig erhitzen. Die Eier in einer Tasse aufschlagen, nicht verquirlen. Aus der Tasse ins siedende Wasser gleiten lassen, nicht verrühren, sieden lassen. Eier nach 4 – 5 Minuten mit einer Schaumkelle herausheben. Schnittlauch darüber streuen, Tomatenscheiben dazu servieren.

Pro Portion	Kcal	KJ	Fett	Eiweiß	KH
Gesamt ca.	289	1208	20,5	23,1	2,9

Gefüllte Eier

Zutaten 1 Portion: 2 Eier, 50 g Doppelrahm Frischkäse, 30 g Thunfisch (Dose), 1 EL Schlagsahne, 2 Sardellenfilets, 1 TL Zitronensaft, Pfeffer, Salz

Zubereitung: Eier 10 Min. hart kochen, abschrecken und schälen. Eier halbieren, Eigelb herauslösen. Thunfisch und Sardellen pürieren, mit dem Eigelb, dem Frischkäse und der Sahne verrühren. Mit Salz, Pfeffer, Zitronensaft würzen. Mit einem Spritzbeutel in die Eier füllen.

Pro Portion	Kcal	KJ	Fett	Eiweiß	KH
Gesamt ca.	456	1905	37,9	28,2	2,3

Eiersalat

Zutaten 1 Portion: 2 Eier, 1 Tomate, 1 Essiggurke, 1 TL Kapern, 2 Sardellenfilets, 3 Silberzwiebeln, Balsamico weiß, Pfeffer, Salz

Zubereitung: Eier 10 Min. hart kochen, abschrecken, schälen, in Scheiben schneiden. Tomaten auf Teller auslegen, mit Balsamico besprühen. Die Eierscheiben auf Tomatenscheiben anrichten, mit Balsamico besprühen. Mit Sardellen garnieren, würzen, ziehen lassen.

Pro Portion	Kcal	KJ	Fett	Eiweiß	KH
Gesamt ca.	266	1104	20,4	16,5	3,3

Dänisches Omelett mit Bacon

Zutaten 1 Portion: 4 dünne Scheiben Speck, 5 g Butter, 3 Eier, 35 ml Sahne, 1 Tomate, Schnittlauch, Pfeffer, Salz

Zubereitung: Speck anbraten und warm stellen. Eier aufschlagen, mit Sahne verquirlen, salzen, pfeffern und nochmals gut verrühren. Die Eiermasse in die Pfanne gießen. Abdecken und bei kleinster Hitze etwa 15 Min. stocken lassen. Mit Speckscheiben, Tomaten-würfel und Schnittlauch garnieren.

Pro Portion	Kcal	KJ	Fett	Eiweiß	KH
Gesamt ca.	521	2179	45,4	25,0	3,0

Italia Omelett mit Mozzarella

Zutaten 1 Portion: 3 Eier, 35 ml Sahne, 10 g geriebener Parmesan, 60 g Mozzarella, 1 kleine Tomate, 5 g Butter, Petersilie, Salz, Pfeffer

Zubereitung: Eier, Sahne, Petersilie und Parmesan gut verquirlen, salzen, pfeffern. Eine kleine, tiefe Pfanne mit Butter einfetten, die Eiermasse hineingießen, Mozzarellastücke und Tomatenscheiben darauf legen. Abdecken und bei kleinster Hitze etwa 15 Min. stocken.

Pro Portion	Kcal	KJ	Fett	Eiweiß	KH
Gesamt ca.	582	2430	47,4	35,0	3,8

Russische Eier

Zutaten 1 Portion: 150 g Lyoner, 1 Ei, 1 Frühlingszwiebel, 1 EL Mayonnaise, 1 EL Essig, 1 TL Senf, 1 Essiggurke, 1 Tomate, 2 Sardellenfilets, Salz, Pfeffer

Zubereitung: Lyoner, Gurke und Zwiebel in feine Streifen schneiden. Aus Mayonnaise, Essig, Senf, Salz und Pfeffer eine Marinade herstellen. Lyoner, Zwiebel und Gurke mit der Marinade mischen. Mit Tomaten, Sardellen, hart gekochten Eiern garnieren.

Pro Portion	Kcal	KJ	Fett	Eiweiß	KH
Gesamt ca.	694	2891	60,0	37,7	2,9

Lachs mit Ei

Zutaten 1 Portion: 100 g Seelachs, 1 Ei, 1 kleine Zwiebel, 4 Blatt Kopfsalat, Balsamico, Paprikapulver

Zubereitung: Ei hart kochen. Salatblätter waschen, trocknen. Auf einem Teller anrichten und mit Balsamico besprühen. Öl von Seelachs abgießen, abtropfen lassen und auf den Salat legen. Ei vierteln, Zwiebel in dünne Scheiben schneiden. Mit Ei und Zwiebelringen belegen, mit Paprika herzhaft würzen.

Pro Portion	Kcal	KJ	Fett	Eiweiß	KH
Gesamt ca.	256	1073	15,0	28,2	2,1

Rindfleischsalat

Zutaten 1 Portion: 180 g Rindfleisch gekocht, 1 kleine Essiggurke, 1 kleine Zwiebel, 100 g Paprika, 1 EL Olivenöl, 1 EL Weinessig, Pfeffer, Salz

Zubereitung: Gekochtes Rindfleisch, Zwiebel, Gurken und Paprika in Streifen schneiden. Aus Essig, Öl, Salz, Pfeffer und etwas Wasser ein Dressing zubereiten. Alle Zutaten mit dem Dressing vermischen. Gut 10 Min. ziehen lassen und auf einem Teller schön anrichten.

Pro Portion	Kcal	KJ	Fett	Eiweiß	KH
Gesamt ca.	465	1933	30,0	43,7	3,9

Schinkenröllchen mit Spargel

Zutaten 1 Portion: 2 Scheiben gekochter Schinken (ca.100 g), 6 Spargel (ca.100 g), 2 EL Mayonnaise, 1 Ei, 2 Salatblätter, Balsamico, Paprikapulver

Zubereitung: Ei hart kochen. Salatblätter waschen, trocknen. Auf Teller anrichten und mit Balsamico besprühen. Spargel in den Schinken rollen und mit einem Häubchen Mayonnaise dekorieren. Auf einem Salatblatt anrichten, mit Ei und einer Prise Paprika garnieren.

Pro Portion	Kcal	KJ	Fett	Eiweiß	KH
Gesamt ca.	532	2227	44,4	29,3	3,5

Wurstsalat Straßburger Art

Zutaten 1 Portion: 150 g Lyoner, 60 g Emmentaler, 1 Gewürzgurke, 2 EL Weinessig, 1 EL Olivenöl, 1 Ei, 1 Tomate, Pfeffer

Zubereitung: Ei hart kochen. Lyoner und Käse in feine Streifen schneiden. Aus Essig, Öl, Salz, Pfeffer und etwas Wasser ein Dressing zubereiten. Alle Zutaten mit dem Dressing gut vermischen. 10 Min. ziehen lassen, auf einem Teller anrichten. Mit Ei und Tomate garnieren.

Pro Portion	Kcal	KJ	Fett	Eiweiß	KH
Gesamt ca.	799	3317	65,7	48,8	2,8

Schwartenmagen in Vinaigrette

Zutaten 1 Portion: 180 g Schwartenmagen, 1 Ei, 1 kleine Tomate, 1 kleine Essiggurke, 1 EL Olivenöl, 1 TL Senf, 1 EL Weinessig, Salz, Pfeffer

Zubereitung: Ei hart kochen. Ei, Tomate und Gurke fein würfeln. Aus Essig, Senf, Öl, Salz, Pfeffer und Wasser eine Marinade zubereiten, mit den klein gewürfelten Zutaten mischen. Schwartenmagen auf Teller anrichten, Vinaigrette darüber geben, ziehen lassen.

Pro Portion	Kcal	KJ	Fett	Eiweiß	KH
Gesamt ca.	761	3165	61,8	36,6	2,6

Heringstöpfchen

Zutaten 1 Portion: 3 Heringsfilets (ca. 160 g), 20 g Zwiebel, 1 Gewürzgurke, 1 eingelegte milde, kleine Peperoni, 65 g saure Sahne, Salz, Pfeffer

Zubereitung: Heringsfilets in große Stücke schneiden, Kerne aus der Peperoni entfernen, alle Zutaten würfeln, zusammen mit Heringen und der sauren Sahne mischen. Mit Salz und Pfeffer abschmecken, ziehen lassen. Grünen Blattsalat dazu servieren.

Pro Portion	Kcal	KJ	Fett	Eiweiß	KH
Gesamt ca.	541	2244	45,2	28,7	3,4

Forellenfilet mit Meerrettichsahne

Zutaten 1 Portion: 2 Forellenfilets geräuchert (ca. 200 g), 60 ml Sahne, 15 g Gemüse-Meerrettich (Glas), Pfeffer weiß, Salz

Zubereitung: Die Forellenfilets auf einem Teller anrichten, ziehen lassen, damit sich das Aroma entfalten kann. Sahne steif schlagen und den Meerrettich behutsam mit der Sahne verrühren, mit Salz und Pfeffer abschmecken. Mit Salat und Tomaten servieren.

Pro Portion	Kcal	KJ	Fett	Eiweiß	KH
Gesamt ca.	434	1814	26,3	45,5	3,3

Heringsröllchen auf Ruccola

Zutaten 1 Portion: 160 g Heringsröllchen (Glas), 10 Blatt Ruccola, 20 g Zwiebeln, 2 Sardellenfilets, 1 TL falscher Kaviar, 1 TL Kapern, Petersilie, Balsamico, 1 Prise weißer Pfeffer.

Zubereitung: Ruccolablätter waschen, trocknen. Auf einem Teller anrichten und mit Balsamico besprühen und einem Hauch Pfeffer würzen. Heringsröllchen auf den Salat setzen und mit den übrigen Zutaten garnieren.

Pro Portion	Kcal	KJ	Fett	Eiweiß	KH
Gesamt ca.	415	1739	32,6	31,1	1,3

Thunfischsalat

Zutaten 1 Portion: 150 g Thunfisch (in ÖL eingelegt), 1 kleine Gewürzgurke, 2 EL Weinessig, 1 EL Olivenöl, 1 TL Kapern, 20 g Zwiebeln, Salz, Pfeffer.

Zubereitung: Öl von Thunfisch abgießen, abtropfen lassen. Thunfisch in große Würfel schneiden. Aus Essig, Öl, Salz, Pfeffer und etwas Wasser ein Dressing zubereiten. Alle Zutaten mit Dressing behutsam vermengen. 10 Min. ziehen lassen, mit Gurken und Tomaten servieren.

Pro Portion	Kcal	KJ	Fett	Eiweiß	KH
Gesamt ca.	584	2432	46,8	38,3	1,6

Fleischkäse

Pro 100 g	Kcal	KJ	Fett	Eiweiß	KH
Gesamt ca.	295	1235	26,3	15,1	0,3

Schinkenspeck

Pro 100 g	Kcal	KJ	Fett	Eiweiß	KH
Gesamt ca.	697	2917	76,7	4,7	0,0

Salami

Pro 100 g	Kcal	KJ	Fett	Eiweiß	KH
Gesamt ca.	390	1632	29,0	30,0	0,0

Debrecziner

Pro 100 g	Kcal	KJ	Fett	Eiweiß	KH
Gesamt ca.	312	1306	29,2	13,0	0,3

Käse-Schinken-Grillwurst

Pro 100 g	Kcal	KJ	Fett	Eiweiß	KH
Gesamt ca.	226	946	17,4	17,6	0,2

Weißwurst

Pro 100 g	Kcal	KJ	Fett	Eiweiß	KH
Gesamt ca.	289	1209	25,5	15,5	0,3

Wurstaufschnitt

Pro 100 g	Kcal	KJ	Fett	Eiweiß	KH
Gesamt ca.	250	1046	20,9	16,0	0,2

Rindfleischcarpaccio

Pro 100 g	Kcal	KJ	Fett	Eiweiß	KH
Gesamt ca.	121	506	4,0	21,2	0,0

Emmentaler-Salat

Pro 100 g	Kcal	KJ	Fett	Eiweiß	KH
Gesamt ca.	386	1603	30,0	28,9	0,0

Emmentaler

Pro 100 g	Kcal	KJ	Fett	Eiweiß	KH
Gesamt ca.	386	1603	30,0	28,9	0,0

Bündnerfleisch

Pro 100 g	Kcal	KJ	Fett	Eiweiß	KH
Gesamt ca.	136	569	5,6	21,2	0,0

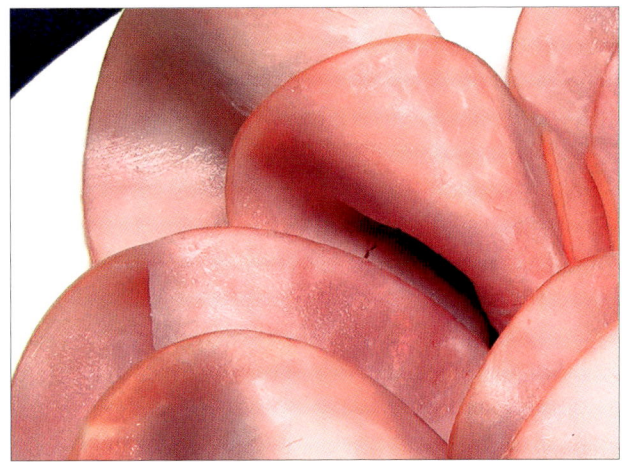

Schinken gekocht

Pro 100 g	Kcal	KJ	Fett	Eiweiß	KH
Gesamt ca.	136	569	6,0	19,5	1,0

Suppen

Tomatensuppe

Olivenöl in einem Topf erhitzen. Die gehackten Zwiebeln und den klein gehackten Knoblauch darin glasig dünsten. Die klein geschnittenen Tomaten und die Gewürze dazugeben und mit heißer Gemüsebrühe aufgießen.
Im geschlossenen Topf ca. 20 Minuten bei schwacher Hitze köcheln lassen.

Durch ein grobes Sieb passieren, Tomatenmark unterrühren und nochmals erhitzen, jedoch nicht kochen.

Mit Salz und Pfeffer abschmecken.

In Teller geben und mit geriebenem Parmesan bestreuen. Mit einem Häubchen Crème fraîche und einem Blättchen Basilikum garnieren.

Zutaten
2 Portionen

500 g Tomaten
375 ml Gemüsebrühe
20 g Parmesan
1 kleine Zwiebel
1 Knoblauchzehe
1 EL Tomatenmark
2 TL Crème fraîche
2 EL Olivenöl
1 Prise Thymian
1 Prise Majoran
1 Prise Rosmarin
Basilikum
Pfeffer
Salz

Pro Portion	Kcal	KJ	Fett	Eiweiß	KH
Gesamt ca.	192	805	14,0	7,5	8,8

Zucchinisuppe

Zucchini waschen und in kleine Stücke schneiden. Ein paar Zucchinischeiben für die Garnierung beiseite legen.

Butter in einem Topf erhitzen und das Gemüse bei geringer Hitze ca. 3 Minuten dünsten. Mit Gemüsebrühe ablöschen und ca. 15 Minuten schwach köcheln lassen. Mit dem Stabmixer zu Brei pürieren, danach durch ein Sieb passieren. Die flüssige Sahne dazugeben und mit Salz, Pfeffer und Muskat abschmecken. Nochmals aufwärmen.

Zucchinischeiben in Olivenöl kurz anbraten.
Suppe in Teller füllen. Crème fraîche unterziehen und mit einer Gabel langsam umrühren.

Mit den gebratenen Zucchinischeiben die Suppe garnieren.

Zutaten
2 Portionen

500 g Zucchini
(2 mittelgroße)
400 ml Gemüsebrühe
100 ml Sahne
1 EL Crème fraîche
30 g Butter
2 EL Olivenöl
Pfeffer
Salz
1 Prise Muskatnuß

Pro Portion	Kcal	KJ	Fett	Eiweiß	KH
Gesamt ca.	419	1755	40,5	6,0	7,7

Gulaschsuppe

Zutaten
2 Portionen

250 g Rindergulasch
130 g rote Paprika
150 g Tomaten
750 ml Wasser
60 g Zwiebeln
2 Knoblauchzehen
2 EL Tomatenmark
3 EL Olivenöl
1 Prise Majoran
Rosenpaprika
Schnittlauch
Pfeffer
Salz

Fleisch enthäuten, Sehnen und sichtbares Fett entfernen, in große Würfel schneiden. Zwiebel, Paprika und Knoblauch in kleine Stücke schneiden. Tomaten blanchieren, enthäuten und vierteln.

Olivenöl erhitzen, Fleisch scharf anbraten. Zwiebelwürfel dazugeben und goldbraun brutzeln. Mit Salz und Majoran würzen, mit etwa einem 3/4 Liter Wasser ablöschen. Mindestens 1 Stunde langsam kochen lassen.

Danach Paprika und Tomatenviertel mit dem Knoblauch in die Suppe geben, umrühren und weitere 30 Minuten leise kochen lassen. Tomatenmark darunter rühren, mit Pfeffer würzen, Schnittlauch darüber streuen und heiß servieren.

Aufgewärmt schmeckt die Suppe fast noch besser (falls davon etwas übrig bleibt)!

Pro Portion	Kcal	KJ	Fett	Eiweiß	KH
Gesamt ca.	281	1177	14,6	29,2	7,7

Karottensuppe

Karotten waschen, schälen und in kleine Würfel schneiden.
10 g Butter in einem Topf erhitzen und die Karotten bei
geringer Hitze etwa 4 Minuten darin dünsten.
Mit etwa einem halben Liter heißem Wasser ablöschen und
ca. 20 Minuten schwach weiter köcheln lassen.

Die Karotten im Mixer oder mit einem Pürierstab zu einem
cremigen Brei pürieren. Die flüssige Sahne dazugeben. Mit
Salz und den Gewürzen sehr dezent abschmecken, damit
die Gewürze den Karottengeschmack nicht übertönen.

Toastbrot würfeln und in 10 g Butter knusprig rösten.
Suppe nochmals kurz aufwärmen. Vor dem Servieren mit
Schnittlauch garnieren und die gerösteten Weißbrotwürfel
darüber streuen.

(Golden geröstete Kracherle? – So viel Sünde darf sein!)

Zutaten
2 Portionen

300 g Karotten
500 ml Wasser
100 ml Sahne
1 halbe Scheibe Toast
20 g Butter
1 Prise Ingwerpulver
1 Prise Koriander
Schnittlauch
Muskat
Pfeffer
Salz

Pro Portion	Kcal	KJ	Fett	Eiweiß	KH
Gesamt ca.	274	1146	24,6	3,1	10,1

Eierstichsuppe

Zutaten
2 Portionen

500 ml Gemüsebrühe
125 ml Milch
5 g Butter
2 Eier
Schnittlauch
Muskat
Salz

Wasser in einem großen Topf für Wasserbad erhitzen.

In einer großen Tasse Eier, Milch, Salz und Muskat gut aufschlagen.

Wählen Sie eine Schüssel, die größer ist als der Topf für das Wasserbad. Die Schüssel mit Butter ausreiben und die Eiermasse hineingießen. Die Schüssel mit der Eiermasse auf den Topf mit dem Wasserbad stellen. Das Wasser muss sehr heiß sein, darf aber nicht kochen. Die Eiermasse stockt und ist nach etwa 30 – 40 Minuten schnittfest.

Den festen Eierstich vom Schüsselrand mit einem Messer etwas lösen. Ein Küchenbrett auf die Schüssel legen und vorsichtig stürzen.

Den Eierstich in kleine Würfel schneiden und in die heiße Rindfleischbrühe geben. Mit Salz und Muskat würzen, mit Schnittlauch garnieren. (War Omas Festtagssuppe!)

Pro Portion	Kcal	KJ	Fett	Eiweiß	KH
Gesamt ca.	161	674	11,6	10,1	3,6

Rindfleischsuppe

Einen großen Topf mit etwa 1 Liter Wasser füllen.

Gemüse putzen, Lauch und Sellerie grob schneiden.

Rindfleisch zusammen mit dem Gemüse in das kalte Wasser legen. 2 Teelöffel Salz einstreuen, kurz aufkochen. Temperatur reduzieren und ca. 1 Stunde langsam sieden.

Sobald das Fleisch gar ist, die Brühe über einem Sieb in einen Topf abgießen.

Fleisch in Würfel schneiden und in die Brühe geben. Die gekochten Karotten in dünne Scheiben schneiden und der Brühe dazugeben.

Kurz erhitzen, mit Muskat und weißem Pfeffer würzen. Mit Schnittlauch garnieren, ganz heiß servieren.

Löffeln, genießen, glücklich sein!

Zutaten
2 Portionen

500 g Rindfleisch
(Rippenstück/Schulter)
1 Liter Wasser
200 g Sellerieknolle
300 g Lauch (Stange)
70 g Karotten
1 kleine Zwiebel
1 Knoblauchzehe
Schnittlauch
Muskat
Pfeffer
Salz

Pro Portion	Kcal	KJ	Fett	Eiweiß	KH
Gesamt ca.	261	1093	4,3	53,6	1,9

Leberspätzlesuppe

Zutaten
2 Portionen

150 g Rinderleber gehackt
500 ml Gemüsebrühe
1 EL Paniermehl
1 kleine Karotte
1 kleine Zwiebel
1 Ei
Schnittlauch
Petersilie
Muskat
Pfeffer
Salz

Leber in eine Schüssel geben, mit Salz, Pfeffer und Muskat würzen.

Zwiebel und Petersilie sehr klein hacken, zusammen mit Ei und Paniermehl zu einem halb festen Teig vermengen.

Gemüsebrühe erhitzen (darf nicht kochen), salzen, kleine Leberspätzle mit einem Teelöffel formen, in die Brühe geben und etwa 5 Minuten ziehen lassen.
Die Leberspätzle können auch vom Brett geschabt, mit dem Spätzlemax oder einem Spätzlesieb hergestellt werden.

Karotten in kleine Würfel schneiden, zusammen mit fein geschnittenem Schnittlauch garnieren, mit Muskat würzen.

Pro Portion	Kcal	KJ	Fett	Eiweiß	KH
Gesamt ca.	168	705	5,6	20,3	8,2

Klößchensuppe

Hackfleisch und das Ei in eine Schüssel geben, mit Salz und Pfeffer würzen.

Zwiebel und Petersilie sehr klein hacken und zum Hackfleisch geben. Alles zu einem festen Teig vermengen (dieser braucht nicht mit Paniermehl gebunden werden).

Von Hand aus dem Fleischteig kleine Klößchen formen. Fleischbrühe erhitzen und die Klößchen in die kochende Brühe geben. Temperatur reduzieren und etwa 5 Minuten leise köcheln lassen.

Mit fein geschnittenem Schnittlauch garnieren, salzen, mit Muskat würzen und heiß servieren.

Zutaten
2 Portionen

250 g Rindfleisch gehackt
500 ml Fleischbrühe
1 Lauchzwiebel
1 Ei
Schnittlauch
Petersilie
Muskat
Pfeffer
Salz

Pro Portion	Kcal	KJ	Fett	Eiweiß	KH
Gesamt ca.	327	1372	23,4	34,5	2,4

Fleisch

Rinderrouladen

Zutaten
4 Portionen

4 Rinderrouladen
(je 150 g, aus der Keule)
50 g Speck (dünne Scheiben)
500 ml Gemüsebrühe
50 ml Rotwein
2 Gewürzgurken
2 Zwiebeln
5 EL Olivenöl
4 TL Senf
2 EL Crème fraîche
1 EL Tomatenmark
1 Lorbeerblatt
Paprikapulver
Pfeffer, frisch gemahlen
Salz

Die Rouladen salzen, pfeffern und mit Paprika bestreuen.
Die Innenseite der Rouladen mit Senf bestreichen und mit
je zwei Speckscheiben belegen. Zwiebeln und Essiggurken
in kleine Würfel schneiden und damit die Rouladen füllen.
Fleisch aufrollen und mit Zahnstochern zusammenstecken.

Olivenöl in einem großen Topf erhitzen und eine Prise Salz
ins Öl streuen. Die Rouladen rundum dunkelbraun anbraten, das gibt eine herzhafte Sauce.

Restliche Zwiebeln, Speck und Essiggurken in den Topf
geben und kurz mitschmoren. Mit Gemüsebrühe und
Rotwein ablöschen, Lorbeerblatt hinzugeben und
ca. 90 Minuten bei geringer Hitze garen.
Die Sauce durch ein Sieb passieren, mit Tomatenmark,
Salz, Pfeffer und Crème fraîche abschmecken.

Rotkraut schmeckt als Beilage ganz besonders köstlich.

Gute Hausmannskost, die der ganzen Familie schmeckt.

Pro Portion	Kcal	KJ	Fett	Eiweiß	KH
Gesamt ca.	383	1604	23,9	35,7	3,3

Omas Kalbsbrust

Das Fleisch vom Metzger aufschneiden lassen (mühsam!).
Knoblauch und 2 Zwiebeln klein schneiden und in Butter
anschwitzen. Hackfleisch, Brät, Eier, gehackte Petersilie
mit den gedünsteten Zwiebeln und dem Knoblauch mischen.
Mit Salz, Muskat und Pfeffer deftig würzen und kräftig
durchkneten. Kalbsbrust salzen, mit dem Fleischteig füllen
und mit einem kräftigen Faden zunähen.

Die Kalbsbrust, Zwiebeln und Karotten in heißem Olivenöl
rundum im Bräter scharf anbraten. Mit Gemüsebrühe und
Wein ablöschen und kurz köcheln lassen.

Ofen auf 200° vorheizen. Fleisch, Gemüse und Brühe in
einen Bratschlauch füllen und gut verschließen.
2 Stunden im Backofen bei ca. 200° garen.
Fleisch in fingerdicke Scheiben schneiden, warm stellen.
Die Sauce durch ein grobes Sieb passieren, nicht binden.
Als Beilagen passen Spargel, Rotkraut oder Rosenkohl.

Oma Klara, lieben Dank für dieses wunderbare Rezept.

Zutaten
6 Portionen

1,5 kg Kalbfleisch
(ausgelöste Kalbsbrust)
250 g Hackfleisch, gemischt
200 g Brät
300 ml Gemüsebrühe
100 ml Weißwein
1 Bund Petersilie
2 Knoblauchzehen
3 große Zwiebeln
2 Karotten
3 EL Olivenöl
2 Eier
30 g Butter
Muskat
Pfeffer
Salz
Bratschlauch
Faden

Pro Portion	Kcal	KJ	Fett	Eiweiß	KH
Gesamt ca.	639	2674	41,7	62,0	1,6

Wirsingrouladen

Zutaten
2 Portionen

6 große Wirsingblätter
(zum Einwickeln)
100 g Wirsing (Füllung)
250 g Hackfleisch, gemischt
500 ml Fleischbrühe
6 EL Olivenöl
1 Zwiebel
1 Ei
Petersilie
Pfeffer
Salz

Wirsing putzen, 6 schöne, große Blätter in kochendem Wasser ca. 2 Minuten blanchieren und danach kalt abschrecken.

Olivenöl in Pfanne erhitzen. Den klein geschnittenen Wirsing und die fein gehackte Zwiebel darin andünsten. Abkühlen lassen und unter das Hackfleisch geben. Ein Ei untermengen, mit Salz und Pfeffer kräftig würzen. Den Fleischteig auf die Kohlblätter verteilen, vorsichtig einrollen und mit einem Faden zusammenbinden.

Olivenöl in einem Topf erhitzen und die Rouladen kurz und kräftig anbraten. Fleischbrühe dazugeben, mit Salz und Pfeffer abschmecken, ca. 30 Minuten garen lassen. Zwei Tomaten und eine geviertelte Zwiebel mitkochen.

Etwas aufwändig, aber die Mühe lohnt sich garantiert. Gebratene Tomaten und grünen Salat dazu servieren.

Pro Portion	Kcal	KJ	Fett	Eiweiß	KH
Gesamt ca.	581	2433	46,3	37,9	5,9

Königsberger Klopse

Das Hackfleisch in eine Schüssel geben. Zusammen mit dem Ei, der gehackten Zwiebel, Petersilie, Salz, Pfeffer, Muskat, Sardellenpaste gut vermengen. Wenn der Fleischteig gut durchgeknetet ist, mittelgroße Klöße daraus formen.

Die Klöße in kochendes Salzwasser legen und je nach Größe ca. 15 Minuten sanft ziehen lassen. Mit einem Schaumlöffel aus dem Sud heben und warm stellen. Sud nicht weggießen, er wird für die Sauce benötigt.

Butter erhitzen, mit 200 ml Sud und 100 ml Sahne ablöschen. Etwas aufkochen lassen und Kapern dazugeben. Mit Salz, Pfeffer und Zitronensaft abschmecken.
Je nach Konsistenz mit pflanzlichem Bindemittel eindicken.
Die Klopse in die Sauce legen und kurz ziehen lassen.

Ein Gericht, das immer gelingt und allen schmeckt.
Servieren Sie frischen Endivien- oder Blattsalat dazu.

Zutaten
2 Portionen

250 g Hackfleisch, gemischt
1 TL pflanzliches Bindemittel
1 kleiner Bund Petersilie
1 TL Sardellenpaste
1 EL Zitronensaft
1 kleine Zwiebel
100 ml Sahne
30 g Kapern
30 g Butter
1 Ei
Muskat
Pfeffer
Salz

Pro Portion	Kcal	KJ	Fett	Eiweiß	KH
Gesamt ca.	678	2838	58,1	36,0	3,5

Kasseler mit Kraut

Zutaten
2 Portionen

2 Kasseler Koteletts
mit Knochen (je ca. 200 g)
400 g Sauerkraut
70 g Speckwürfel
125 ml Weißwein
1 mittelgroße Zwiebel
2 Knoblauchzehen
4 Wacholderbeeren
1 Lorbeerblatt
1 TL Kümmel
Salz

Speck würfeln, Zwiebel in Ringe schneiden, zusammen mit dem Knoblauch in einem Bräter glasig dämpfen. Sauerkraut dazugeben und kurz mitdämpfen.

Die Wacholderbeeren, Kümmel und ein Lorbeerblatt unter das Sauerkraut mischen. Trockenen Weißwein dazugießen, leicht salzen und alles gut vermengen.

Die Kasseler auf das Sauerkraut legen, Deckel drauf und in den vorgeheizten Backofen damit. Etwa 1 Stunde bei 180° garen lassen.

Ganz heiß servieren.

Als Beilage schmecken eigentlich nur Salzkartoffeln. Gönnen Sie sich eine, aber berücksichtigen Sie diese in Ihrer Nährwertberechnung.

Ich wünsche Ihnen einen guten Appetit.

Pro Portion	Kcal	KJ	Fett	Eiweiß	KH
Gesamt ca.	764	3199	57,5	48,6	4,4

Ochsenbrust

Zutaten
2 Portionen

300 g mageres Rindfleisch
(Brust oder Bug)
20 g geriebener
Meerrettich
1 mittelgroße Zwiebel
1/4 Knollensellerie
2 Karotten
1 Lauchstange
70 ml Sahne
1 Lorbeerblatt
1 Nelke
Salz

Die Karotten, Lauch und Sellerie waschen und in grobe
Stücke schneiden. Zwiebel schälen und vierteln.

1 Liter Wasser mit dem Lorbeerblatt, den Nelken, dem
Salz und dem Suppengemüse in einen Topf geben und zum
Kochen bringen. Das Fleisch in den kochenden Sud geben
und ca. 1 Stunde langsam kochen lassen.

Sahne zusammen mit etwa 50 ml Fleischbrühe und dem
Meerrettich verrühren. Mit Salz und Pfeffer abschmecken,
aufkochen lassen. Das Fleisch aus der Brühe nehmen und
in Scheiben schneiden.

Die Meerrettichsoße zum Fleisch reichen. Als Beilage
schmecken Rote–Bete besonders lecker.

Pro Portion	Kcal	KJ	Fett	Eiweiß	KH
Gesamt ca.	272	1138	13,7	33,1	2,5

Kalbsrouladen

Kapern, eine kleine Knoblauchzehe und die Sardellenfilets klein schneiden, in einen Mörser geben und zerstoßen, bis ein sämiges Mus entsteht.

Frische Salbeiblätter in feine Streifen schneiden.
Je eine Seite der Schnitzel mit dem Mus bestreichen. Mit je einer Schinkenscheibe belegen und mit fein geschnittenen Salbeiblättern bestreuen. Behutsam die Schnitzel aufrollen und mit einem Zahnstocher zusammenhalten.

Olivenöl und Butter in einer Pfanne erhitzen und eine Prise Salz ins Fett streuen. Die Kalbsrouladen rundum goldbraun anbraten, mit Pfeffer und Salz würzen.

Als Beilage passen Chicorée und gebratene Zucchini.

Zutaten
2 Portionen

4 Kalbsschnitzel,
dünn geschnitten (je ca. 80 g)
4 Scheiben gekochter
Schinken, dünn geschnitten,
(je ca. 25 g)
4 Sardellenfilets
1 kleine Knoblauchzehe
4 Salbeiblätter, frisch
1 EL Kapern
3 EL Olivenöl
20 g Butter
Pfeffer
Salz
Zahnstocher

Pro Portion	Kcal	KJ	Fett	Eiweiß	KH
Gesamt ca.	515	2158	36,4	47,1	1,2

43

Leberspätzle

Zutaten
2 Portionen

300 g Rinderleber, gemahlen
1 kleiner Bund Petersilie
1 Liter Fleischbrühe
1 kleine Zwiebel
1 EL Semmelbrösel
40 g Butter
1 Ei
1 TL Majoran
Muskat
Pfeffer
Salz

Eine Zwiebel und Petersilie sehr fein hacken. Butter in einer Pfanne leicht erhitzen. Zwiebeln und Petersilie glasig dünsten.

Leber, Ei, Semmelbrösel, Zwiebeln und Petersilie gut vermengen. Mit Muskat, Pfeffer, Majoran und Salz kräftig würzen.
Den Teig vom Brett in die kochende Fleischbrühe schaben. (Schwaben und clevere Hausfrauen nehmen dazu den Spätzlemax.)
3 – 5 Minuten ziehen lassen.

Mit einem Schaumlöffel abschöpfen und warm stellen.
Die zweite Zwiebel schälen und in feine Ringe schneiden. Butter erhitzen und die Zwiebelringe goldgelb brutzeln.

Die gebräunten Zwiebeln über die Leberspätzle verteilen. Endiviensalat schmeckt köstlich dazu.

Pro Portion	Kcal	KJ	Fett	Eiweiß	KH
Gesamt ca.	375	1569	22,9	30,4	10,9

Kalbsnierle

Die Nieren waschen und tranchieren. Sichtbares Fett und Röhren entfernen.

Eine Stunde lang in Milch legen, das macht zart und mildert den Geschmack.

Aus der Milch nehmen, kurz mit kaltem Wasser abwaschen, mit Küchenkrepp trocknen und in dicke Stücke schneiden.

Nierenstücke in heißer Butter etwa 4 Minuten scharf anbraten, mit Salz und Pfeffer würzen.

Mit Sahne, Wein und Cognac ablöschen und leicht aufkochen lassen.
Mit Zitronensaft, Salz und Pfeffer abschmecken.

Zu dieser Delikatesse einen grünen, knackig frischen Salat servieren.

Zutaten
2 Portionen

300 g Kalbsnieren
30 g Butter
500 ml Milch
1 EL Weißwein
3 EL Cognac
6 EL Sahne
1 TL Zitronensaft
Pfeffer
Salz

Pro Portion	Kcal	KJ	Fett	Eiweiß	KH
Gesamt ca.	412	1725	29,7	25,7	2,2

Saure Kalbsleber

Leber vom Metzger enthäuten und in dünne Scheiben schneiden lassen.

Die Leber unter kaltem Wasser abwaschen, mit Küchenkrepp trocknen und in feine Streifen schneiden. Zwiebel fein würfeln. Butter in Pfanne erhitzen und die Zwiebel glasig dünsten.

Leber dazugeben und etwa 4 Minuten rösten. Mit heißer Gemüsebrühe ablöschen und weitere 3 Minuten dünsten. Nicht länger kochen, sonst wird die Leber hart.

Wein, Essig, Sauerrahm und Zitronensaft in die Sauce geben, mit Salz und Majoran abschmecken. Mit frisch gemahlenem weißem Pfeffer würzen.

Zu diesem delikaten Essen passen Feldsalat, grüner Blattsalat oder Endiviensalat besonders gut.

Zutaten
2 Portionen

300 g Kalbsleber
100 ml gekörnte
Gemüsebrühe
30 g Butter
1 kleine Zwiebel
1 EL Sauerrahm
40 ml Weißwein
1 EL Essig
Zitronensaft
Majoran
Pfeffer
Salz

Pro Portion	Kcal	KJ	Fett	Eiweiß	KH
Gesamt ca.	364	1525	22,3	29,9	7,9

Gebackene Leber

Leber vom Metzger enthäuten und in Scheiben schneiden lassen. Die Leber unter kaltem Wasser abwaschen, mit Küchenkrepp trocknen.

Die Zwiebel in Ringe schneiden. In einer Pfanne etwa 10 g Butter erhitzen und die Zwiebelringe darin knusprig braun brutzeln.

In einer zweiten Pfanne Olivenöl erhitzen und die Kalbsleber von beiden Seiten bei geringer Hitze anbraten. Wenn sie durch sein soll, etwa 3 Minuten je Seite, wenn sie rosa bleiben soll, nur etwa 2 Minuten lang braten, salzen.

Die Leber auf vorgewärmten Tellern anrichten und mit den gerösteten Zwiebeln garnieren. Wer keine Diät macht, darf gebratene Apfelscheiben dazu essen.

Rotkraut oder ein grüner Salat schmecken am besten dazu.

Zutaten
2 Portionen

300 g Kalbsleber
30 g Butter
2 EL Olivenöl
1 kleine Zwiebel
Majoran
Pfeffer
Salz

Pro Portion	Kcal	KJ	Fett	Eiweiß	KH
Gesamt ca.	309	1292	18,3	29,0	6,8

Zunge in Madeira

Zutaten
4 Portionen

1 Rinderzunge, geräuchert
(ca. 1 kg)
2 Lorbeerblätter

Für die Sauce:
30 g Butter
20 g Speckwürfel
500 ml gekörnte
Fleischbrühe
3 große Tomaten
1 Schuss Worcestersauce
Bindemittel (pflanzlich)
2 EL Tomatenmark
Cayennepfeffer
100 ml Madeira
Zitronensaft
Salz

Zunge mindesten 5 Stunden wässern. In einem großen Topf ca. 2 – 3 Liter Wasser erhitzen. Die Zunge und das Lorbeerblatt in das kochende Wasser geben. Bei mittlerer Hitze im geschlossenen Topf ca. 1 Stunde ziehen lassen. Hin und wieder den Schaum abschöpfen.

Die Zunge aus der Brühe nehmen und das Kochwasser abgießen. (Wasser wird gewechselt, damit die Zunge einen milden Geschmack bekommt.)

Etwa 2 – 3 Liter frisches Wasser erhitzen. Die Zunge und ein Lorbeerblatt abermals in das kochende Wasser geben, weitere 2 Stunden bei mittlerer Hitze ziehen lassen. Die Zunge aus der Brühe nehmen und mit kaltem Wasser abschrecken. Die Haut an den Seiten mit einem spitzen Messer lösen und vorsichtig abziehen.
Zunge in Scheiben schneiden und warm stellen.

Während die Zunge kocht, bereiten Sie die Madeirasauce: Speck in heißer Butter anbraten und mit gekörnter Fleischbrühe ablöschen. Halbierte Tomaten, Tomatenmark, Cayennepfeffer und frisch gemahlenen Pfeffer zugeben, ca. 20 Minuten schwach kochen lassen.

Sauce durch ein grobes Sieb passieren, mit Zitronensaft, Worcestersoße und Madeira pikant würzen.
Etwas aufköcheln und eindicken lassen.
Wenn Ihnen die Sauce zu dünn ist, mit etwas pflanzlichem Bindemittel eindicken.

Ganz hervorragend schmecken halb breite Nudeln dazu. Die dürfen SIE aber nicht essen, die sind nur für Ihre Gäste, denn SIE wollen ja abnehmen. Sorry!

Für SIE gibt es knackig frischen günen Salat oder leckeren Feldsalat als Beilage.

Pro Portion	Kcal	KJ	Fett	Eiweiß	KH
Gesamt ca.	411	1722	19,0	56,2	3,6

Schweinefilet an Morchelrahm

Zutaten
2 Portionen

400 g Schweinefilet
100 ml Morchelwasser
10 g Morcheln, getrocknet
2 EL Olivenöl
100 ml Sahne
20 g Butter
1 Schalotte
Pfeffer
Salz

Die Morcheln 1 Stunde in warmem Wasser einweichen. Backofen auf 70° vorheizen. Das Schweinefilet in ca. 4 cm dicke Scheiben schneiden, salzen, pfeffern. Olivenöl in der Pfanne erhitzen und eine Prise Salz hineinstreuen. Die Filetstücke von beiden Seiten ca. 3 Minuten lang scharf anbraten. Im Ofen bei 70° etwa 20 Minuten garen, nicht zudecken. Das Fleisch wird dadurch fein aromatisch und garantiert butterzart.

Während das Fleisch gart, kochen Sie die Sauce: Schalotte klein schneiden und in heißer Butter glasig dünsten. Mit Morchelfond und Sahne ablöschen und auf die Hälfte reduzieren, bis die Sauce cremig dick geworden ist. Morcheln hinzufügen, mit Salz und Pfeffer abschmecken, nochmals ein paar Minuten lang köcheln. Medaillons auf einem Teller anrichten und die Morchelsauce dazugeben. Spargel und Zuckerschoten als Beilagen.

Pro Portion	Kcal	KJ	Fett	Eiweiß	KH
Gesamt ca.	519	2172	36,3	45,8	2,1

Entrecote an Sauce Hollandaise

Den Backofen auf 80° vorheizen. Das Fleisch im heißen Butterschmalz rundum 20 Minuten lang anbraten, danach mit Pfeffer würzen und leicht salzen. Mit der Pfanne in den Backofen stellen, nicht zudecken, mindestens 3 Stunden bei 80° garen.

Durch dieses Garen bekommt das Fleisch ein wunderbares Aroma, wird butterzart und behält seine rosa Farbe.

Die Hollandaise:
Brühe, Wein, Zitronensaft, Salz, Pfeffer und Eigelb mit dem Schneebesen schaumig schlagen. Die Masse in nicht kochendem Wasserbad so lange schlagen, bis sie sahnig dick ist. Unter ständigem Rühren die zerlassene Butter löffelweise zugeben und schlagen, schlagen, schlagen. Mit Sahne verfeinern.

Zu dieser fast vergessenen klassischen Delikatesse passen Spargel, grüne Bohnen oder Zuckerschoten.

Zutaten
4 Portionen

800 g Entrecote (am Stück)
30 g Butterschmalz
Pfeffer schwarz, frisch, grob gemahlen
Salz

Für die Sauce:
100 g zerlassene Butter
1 EL Fleischbrühe
1 EL Weißwein
2 TL Zitronensaft
1 Prise Salz und Pfeffer
4 Eigelb
3 EL Sahne

Pro Portion	Kcal	KJ	Fett	Eiweiß	KH
Gesamt ca.	553	2316	40,0	47,4	0,4

Kalbsschnitzel mit Mozzarella

Zutaten
2 Portionen

2 Kalbsschnitzel
(je ca. 180 g)
200 g Mozzarella
1 Tomate
2 EL Olivenöl
10 g Butter
Oregano
Pfeffer
Salz

Den Backofen auf 220° vorheizen.
Die Schnitzel leicht klopfen, dezent pfeffern und salzen.

Olivenöl und Butter in einer großen Pfanne erhitzen und eine Prise Salz hineinstreuen. Die Schnitzel von beiden Seiten höchstens 3 Minuten lang anbraten, salzen und mit Oregano würzen. Schnitzel in eine Auflaufform legen.

Mozzarella in Scheiben schneiden und über die Schnitzel legen. Je 2 Tomatenscheiben darauf legen und schwarzen Pfeffer grob darüber mahlen.

Zugedeckt im Backofen garen lassen, bis der Käse cremig schmilzt.

Dazu gegrillte Tomaten und gemischten Salat servieren.

Pro Portion	Kcal	KJ	Fett	Eiweiß	KH
Gesamt ca.	523	2182	32,6	54,8	2,4

Saltimbocca
alla romana

Die Schnitzel leicht klopfen, dezent pfeffern und salzen.
Auf jedes Schnitzel je zwei Scheiben Schinken und
3 Salbeiblätter legen und mit Holzstäbchen feststecken.

Olivenöl und Butter in einer Pfanne erhitzen und eine Prise
Salz hineinstreuen. Die Schnitzel von beiden Seiten etwa
3 Minuten lang kross anbraten.

Schnitzel aus der Pfanne nehmen, mit Paprika und Pfeffer
würzen, warm stellen.

Bratensatz mit Wein ablöschen, kurz köcheln. Sauce über
die Schnitzel gießen und gleich servieren. Schmeckt wie
beim Italiener, wahrscheinlich sogar besser.

Dazu passen gebratene Zucchini oder gegrillte Tomaten.

Zutaten
2 Portionen

2 Kalbsschnitzel
(je ca. 180 g)
4 Scheiben Parmaschinken
6 frische Salbeiblätter
6 EL Weißwein
2 EL Olivenöl
30 g Butter
Paprikapulver
Pfeffer
Salz
Holzstäbchen

Pro Portion	Kcal	KJ	Fett	Eiweiß	KH
Gesamt ca.	739	3094	47,1	74,5	0,9

Lammfilet mit Pinienkernen

Zutaten
2 Portionen

400 g Lammfilet
1 Knoblauchzehe
4 EL Olivenöl
1 EL Butter
2 EL Pinienkerne
1 Thymianzweig
Pfeffer
Salz

Nur kleine, hellrote Filetstücke kaufen, dann können Sie davon ausgehen, dass das Fleisch jung und von guter Qualität ist.

Backofen auf 70° vorheizen.

Das Fleisch kurz unter kaltem Wasser abwaschen und trocken tupfen.

Olivenöl in einer Bratpfanne erhitzen.
Die Filets am Stück in heißem Olivenöl rundum kross anbraten. Eine ungeschälte Knoblauchzehe mitbraten. Leicht salzen, mit Pfeffer würzen, Thymian dazugeben.
Fleisch in der Pfanne etwa 20 Minuten lang in den Backofen stellen, nicht zudecken und garen lassen.

Butter erhitzen und Pinienkerne goldgelb rösten.

Filets in Scheiben schneiden, auf warmen Tellern anrichten und mit gerösteten Pinienkernen umlegen.

Besonders fein schmecken Karotten, Zuckererbsen oder Broccoli als Beilagen.

Herr Biolek würde einen italienischen fruchtig trockenen Rotwein dazu empfehlen.

Pro Portion	Kcal	KJ	Fett	Eiweiß	KH
Gesamt ca.	521	2180	39,0	41,8	0,8

Rehmedaillon mit Morcheln

Zutaten
2 Portionen

400 g Rehfilet
Pfeffer, frisch gemahlen
3 EL Olivenöl
Salz

Für die Sauce:
100 ml Wildfond (Glas)
10 g Morcheln, getrocknet
100 ml Sahne
30 g Butter
1 Schalotte

Vorab die Morcheln 1 Stunde lang in warmem Wasser einweichen. Den Backofen auf 70° vorheizen.
Das Rehfilet in ca. 4 cm dicke Scheiben schneiden, salzen, pfeffern. Olivenöl in einer Pfanne erhitzen und eine Prise Salz hineinstreuen. Die Filetstücke von beiden Seiten ca. 3 Minuten lang scharf anbraten.
Danach im Backofen bei 70° ca. 20 Minuten garen.

Während das Fleisch gart, kochen Sie die Sauce: Schalotte klein schneiden und in heißer Butter glasig dünsten. Mit Wildfond und Sahne ablöschen und auf die Hälfte reduzieren, bis die Sauce cremig dick geworden ist. Morcheln hinzufügen, mit Salz und Pfeffer abschmecken und noch ein paar Minuten lang köcheln lassen.

Anrichten und Morchelsauce darüber gießen.
Servieren Sie Spargel, Rosenkohl oder Zuckererbsen dazu.

Pro Portion	Kcal	KJ	Fett	Eiweiß	KH
Gesamt ca.	627	2625	47,6	47,2	2,3

Wildschweinfilet an Orangen

Den Backofen auf 70° vorheizen.
Das Wildschweinfilet in ca. 4 cm dicke Scheiben schneiden,
salzen, pfeffern. Olivenöl in Pfanne erhitzen und eine Prise
Salz hineinstreuen. Die Filetstücke von beiden Seiten ca.
3 Minuten lang scharf anbraten. Salzen und pfeffern und
anschließend im Backofen bei 70° ca. 20 Minuten ziehen
lassen, nicht zudecken.

Den Bratensatz mit Wildfond lösen, Sahne und Cognac ein-
rühren, salzen und mit einer Prise Pfeffer würzen.
Etwas einkochen lassen, bis der Fond leicht eingedickt ist.
Sauce durch ein mittelfeines Sieb passieren.
Wildschweinfilets auf den vorgewärmten Tellern anrichten,
mit Orangenfilets garnieren, Sauce dazugeben.

Als Beilagen passen Broccolipüree, gebratene Zucchini,
Rosenkohl, Wirsing oder ein knackig frischer Salat.

Zutaten
2 Portionen

400 g Wildschweinfilet
150 ml Wildfond (Glas)
50 g Orangenfilets
30 g Butter
50 ml Sahne
2 EL Olivenöl
2 EL Cognac
Pfeffer
Salz

Pro Portion	Kcal	KJ	Fett	Eiweiß	KH
Gesamt ca.	539	2257	35,6	46,2	3,2

Lammschulter an Chicorée

Zutaten
2 Portionen

500 g Lammschulter
150 ml Gemüsebrühe
100 ml Rotwein
4 Knoblauchzehen
2 Rosmarinzweige
1 große Zwiebel
3 EL Olivenöl
1 Zitronenscheibe
Pfeffer, frisch gemahlener
Salz
Faden

Haut und Fett vom Fleisch entfernen. Mit Salz, Pfeffer und Knoblauch einreiben. Kleine Taschen mit einem spitzen Messer in das Fleisch schneiden und mit Knoblauchstücken spicken. Rosmarinzweige auf je eine Seite der Lammschulter legen und mit einem Faden festbinden.
In einem Schmortopf das Öl erhitzen, die Lammschulter von allen Seiten scharf anbraten, die grob geschnittene Zwiebel mitbräunen. Mit Gemüsebrühe ablöschen, Rotwein und Zitronenscheibe dazugeben.
Im vorgeheizten Backofen den Braten zugedeckt bei mittlerer Hitze etwa 1 1/2 Stunden schmoren. Nach halber Garzeit das Fleisch wenden, bei Bedarf Gemüsebrühe nachgießen. Fäden entfernen, Fleisch in fingerdicke Scheiben schneiden und mit einer feinen Beilage servieren.

Vorzüglich schmecken gratinierter Chicorée, gegrillte Tomate oder feiner Blattsalat dazu.

Pro Portion	Kcal	KJ	Fett	Eiweiß	KH
Gesamt ca.	418	1750	20,6	51,2	1,7

Lammkarree
an Zucchini

Lammkarree nicht vom Knochen lösen, waschen, trocknen, mit Salz und Pfeffer würzen. Kräuterpaste herstellen: Drei Knoblauchzehen durch eine Presse drücken, Rosmarin klein hacken und beides mit 2 EL Olivenöl vermischen.
Lammkarree mit dieser Kräuterpaste großzügig einreiben. In einem Bräter 4 EL Olivenöl erhitzen und das Fleisch rundum kross anbraten. Vier ungeschälte Knoblauchzehen dazugeben und mitschmurgeln. Backofen auf 70° vorheizen. Das Fleisch im Bräter lassen, nicht zudecken und im Ofen gute 30 – 40 Minuten garen.
Danach das Fleisch aus dem Bräter nehmen und mit einem scharfen Messer zwischen den Rippen aufschneiden.
So gelingt Ihnen Lammkarree immer und wird garantiert zu einem kulinarischen Höhepunkt.

Servieren Sie das Karree mit gebratenen Zucchini, leckerem Rosenkohl oder grünen Bohnen.

Zutaten
2 Portionen

500 g Lammkarree
7 Knoblauchzehen
6 EL Olivenöl
Rosmarin
Pfeffer
Salz

Pro Portion	Kcal	KJ	Fett	Eiweiß	KH
Gesamt ca.	502	2101	32,4	51,3	1,5

Kalbsrahmschnitzel

Zutaten 2 Portionen: 2 Kalbsschnitzel (je ca. 200 g), 30 g Butter, 1 EL Öl, 150 ml Sahne, 50 ml Brühe, Pfeffer, Salz

Zubereitung: Schnitzel leicht klopfen, dezent pfeffern und salzen. Butter und Öl erhitzen und Fleisch je Seite etwa 3 Min. braten. Schnitzel aus der Pfanne nehmen, warm stellen. Mit Brühe und Sahne den Bratenfond lösen und cremig einkochen. Mit Salz und Pfeffer würzen, Schnitzel in die Sauce legen.

Pro Portion	Kcal	KJ	Fett	Eiweiß	KH
Gesamt ca.	580	2427	43,9	43,4	2,7

Kalbsschnitzel Holstein

Zutaten 2 Portionen: 2 Kalbsschnitzel (je ca. 180 g), 4 Sardellenfilets, 30 g Butter, 1 EL Öl, 2 Eier, Pfeffer, Salz

Zubereitung: Schnitzel leicht klopfen, dezent pfeffern und salzen. Butter und Öl erhitzen und Fleisch je Seite etwa 3 Min. braten. Schnitzel aus der Pfanne nehmen, warm stellen. Spiegeleier braten, auf die Schnitzel legen und mit Sardellen garnieren. Dazu passen Tomaten und frischer Blattsalat.

Pro Portion	Kcal	KJ	Fett	Eiweiß	KH
Gesamt ca.	443	1855	28,9	46,8	0,4

Rinderhacksteak mit Mozzarella

Zutaten 2 Portionen: 300 g gemischtes Hackfleisch, 200 g Mozzarella, 1 Ei, 1 Zwiebel, 1/4 Bund Petersilie, 30 g Butter, 2 EL Olivenöl, Pfeffer, Salz

Zubereitung: Klein gehackte Zwiebel und Petersilie in Butter andünsten, zum Hackfleisch geben. Salzen, pfeffern und gut vermengen. Frikadellen formen und mit einer Scheibe Mozzarella füllen. Butter und Olivenöl erhitzen und die Hacksteaks ca. 5 Min. je Seite braten.

Pro Portion	Kcal	KJ	Fett	Eiweiß	KH
Gesamt ca.	797	3329	63,9	52,9	2,6

Cevapcici

Zutaten 2 Portionen: 300 g gemischtes Hackfleisch, 3 Knoblauchzehen, 3 EL Olivenöl, Rosenpaprika, Pfeffer, Salz

Zubereitung: Hackfleisch mit klein gehacktem Knoblauch, Salz, Pfeffer und Rosenpaprika würzen und gut vermengen. Aus dem Fleischteig fingerlange Röllchen formen. In einer Pfanne Öl erhitzen und rundum etwa 5 Min. braten. Knoblauch, Zwiebeln, Paprika dazu servieren.

Pro Portion	Kcal	KJ	Fett	Eiweiß	KH
Gesamt ca.	437	1829	33,0	34,0	1,2

Cordon bleu

Zutaten 2 Portionen: 4 Kalbsschnitzel (je ca. 80 g), 100 g gekochter Schinken, 80 g Gouda, 1 TL Paniermehl, 2 EL Parmesan, 1 Ei, 30 g Butterschmalz, Salz

Zubereitung: Schnitzel klopfen, salzen. Mit je einer Scheibe Schinken, Käse und zweitem Schnitzel belegen. In geschlagenem Ei und Panade aus Paniermehl und Parmesan wenden. In heißem Butterschmalz ca. 6 Min. je Seite goldbraun backen.

Pro Portion	Kcal	KJ	Fett	Eiweiß	KH
Gesamt ca.	541	2260	33,6	57,6	2,1

Schaschlik

Zutaten 2 Portionen: 300 g Schweinefilet, 50 g Speck, 100 g Paprika, 1 Zwiebel, 1 Gewürzgurke, 30 g Butter-schmalz, Paprikapulver, Pfeffer, Salz

Zubereitung: Fleisch und die Zutaten in große Stücke schneiden. Fleisch, Paprika, Speck, Gurke und Zwiebel auf Holzspieße stecken. Mit Salz, Pfeffer und Paprika würzen. In heißem Butterschmalz scharf anbraten. Im Ofen bei 70° ca. 15 Min. ziehen lassen.

Pro Portion	Kcal	KJ	Fett	Eiweiß	KH
Gesamt ca.	467	1955	34,4	35,6	3,0

Rumpsteak mit Zwiebeln

Zutaten 2 Portionen: 2 Rumpsteaks (je ca. 200 g), 1 Zwiebel, 30 g Butterschmalz, 2 EL Olivenöl, Pfeffer, Salz

Zubereitung: Steaks leicht klopfen, Fettrand mehrmals einschneiden und mit Pfeffer würzen. Mit Öl bestreichen, eine Stunde ziehen lassen. Butterschmalz in Bratpfanne erhitzen und Steaks je Seite etwa 3 Min. braten. Salzen, warm stellen. Zwiebeln in Olivenöl braten und mit Steaks anrichten.

Pro Portion	Kcal	KJ	Fett	Eiweiß	KH
Gesamt ca.	476	1992	32,0	45,3	1,7

Rinderfilet mit Pfeffer

Zutaten 2 Portionen: 2 Rinderfilets (je ca. 200 g), 30 g Butterschmalz, 10 ml Cognac, 50 ml Sahne, 1 TL grüne Pfefferkörner (Glas), Pfeffer, Salz

Zubereitung: Fleisch mit gemahlenem Pfeffer einreiben, in Butterschmalz scharf anbraten. Salzen, aus der Pfanne nehmen und bei 70° im Ofen etwa 15 Min. ziehen lassen. Fett abgießen, mit Cognac den Bratenfond lösen. Sahne und Pfefferkörner dazugeben und cremig einkochen.

Pro Portion	Kcal	KJ	Fett	Eiweiß	KH
Gesamt ca.	471	1972	30,9	43,2	1,9

Geflügel

Hähnchen in Sesamkruste

Zutaten
2 Portionen

300 g Hähnchenbrust-Filet
200 Spargel (Glas)
1 Tomate
40 g Sesamsamen
20 g Butter
4 EL Olivenöl
1 Eiweiß
Pfeffer
Salz

Die Hähnchenfilets kalt abwaschen und mit Küchenkrepp trocken tupfen. Mit Salz und einem Hauch weißem Pfeffer würzen. Eiweiß schaumig schlagen. Das Fleisch zuerst in Eiweiß, dann in Sesam wenden.

Butter und 2 EL Olivenöl in einer Pfanne erhitzen und die Filets langsam goldgelb braten.

Die Tomate planchieren, häuten, Kerne entfernen und in Würfel schneiden. Spargel abtropfen lassen und in kleine Stücke schneiden.

In einer Pfanne 2 EL Olivenöl erhitzen, Tomatenwürfel und Spargelstücke darin dünsten, mit Salz und Pfeffer würzen.

Das Gemüse auf vorgewärmte Teller geben und mit den Hähnchenfilets anrichten.

Pro Portion	Kcal	KJ	Fett	Eiweiß	KH
Gesamt ca.	578	2422	43,8	41,6	3,8

Ente Chopsuey mit Garnelen

Das Entenbrust-Filet kalt abwaschen, mit Küchenkrepp trocken tupfen und salzen. In Olivenöl scharf anbraten, in einen Bratenschlauch geben und im Backofen bei 200° etwa 20 Minuten fertig garen.

Das Gemüse waschen. Alles, außer den Mungosprossen, klein schneiden.
Im Wok oder einer Bratpfanne Sesamöl nicht zu heiß erhitzen, Garnelen und klein gehackten Knoblauch darin anbraten, das klein geschnittene Gemüse und 4 feine Scheiben Ingwer dazugeben. Mit Sojasauce und etwa 3 EL Wasser übergießen, mit Salz und weißem Pfeffer abschmecken, gut umrühren und bissfest fertig garen.

Garnelen und das Gemüse auf warmen Tellern anrichten, Entenbrust-Filet in Stücke schneiden und auf dem Gemüse schön verteilen.

Zutaten
2 Portionen

400 g Entenbrust-Filet
6 Garnelen (gesamt ca. 150 g)
80 g Mungosprossen
80 g Paprika
1 kleine Karotte
1 kleine Tomate
1 Lauchzwiebel
1 Knoblauchzehe
2 EL Sesamöl
2 EL Olivenöl
2 EL Sojasauce
Ingwer
Pfeffer
Salz

Pro Portion	Kcal	KJ	Fett	Eiweiß	KH
Gesamt ca.	462	1937	21,1	60,4	6,6

Brathähnchen auf Mittelmeergemüse

Zutaten
2 Portionen

1 Brathähnchen (ca.1000 g)
1 Aubergine (ca. 300 g)
1 Paprika (ca. 100 g)
1 kleine Zwiebel
3 Knoblauchzehen
120 ml Olivenöl
1 Zitrone
Rosenpaprika
Thymian
Pfeffer
Salz

Das Brathähnchen kalt abwaschen und mit Küchenkrepp trocken tupfen. Innen und außen salzen. Paprikapulver darüber streuen und mit Olivenöl einreiben. Einen Zweig frischen Thymian und 2 Zitronenscheiben in den Bauch legen. In einen Bräter geben und im Ofen bei ca. 200° etwa 30 Minuten braten.

Aus dem Ofen nehmen, mit Bratensaft und etwas Olivenöl bestreichen.

Grob geschnittene Aubergine, Zwiebel, Paprika und ungeschälte Knoblauchzehe um das Hähnchen legen. Mit Salz und frisch gemahlenem Pfeffer würzen, restliches Olivenöl übergießen und weitere 30 – 50 Minuten garen.

Gelegentlich das Gemüse wenden und mit Bratensaft übergießen.

Pro Portion	Kcal	KJ	Fett	Eiweiß	KH
Gesamt ca.	1409	5897	108,2	101,8	6,9

Poularde
in Parmaschinken

Das Fleisch kalt abwaschen und mit Küchenkrepp trocken tupfen. Mit Salz und weißem Pfeffer würzen, mit ein bisschen gerebeltem Salbei und Oregano bestreuen. Parmaschinken um die Filets wickeln.

In einer Pfanne 20 g Butter und Olivenöl erhitzen, das Fleisch darin auf allen Seiten goldgelb braten. Ständig vorsichtig wenden, zugedeckt bei kleiner Hitze weitere 10 Minuten garen.

Bohnen und Karotten putzen und in Stücke schneiden. Gemüse separat in Salzwasser garen. Butter in einem Topf erhitzen und die gewürfelte Schalotte andünsten. Gekochte Bohnen und Karotten dazugeben, mit Salz und einer Prise Pfeffer würzen.

Filets in Stücke schneiden und auf dem Gemüse anrichten.

Zutaten
2 Portionen

300 g Poulardenbrust
100 g Parmaschinken
120 g Karotten
120 g Bohnen
1 Schalotte
30 g Butter
1 EL Olivenöl
Oregano
Salbei
Pfeffer
Salz

Pro Portion	Kcal	KJ	Fett	Eiweiß	KH
Gesamt ca.	532	2229	35,0	48,1	6,2

Hähnchenbrust in Parmesankruste

Zutaten
2 Portionen

2 Hähnchenbrust-Filets
(gesamt ca. 300 g)
50 g Parmesan
(frisch gerieben)
100 ml Gemüsebrühe
20 g Butter
2 EL Olivenöl
1 Ei
2 EL Mandelstifte
4 EL Sahne
1 Orange
Pfeffer
Salz

Die Hähnchenbrustfilets kalt abwaschen und mit Küchenkrepp trocken tupfen, salzen und dezent pfeffern. In einem Teller Eigelb verquirlen. Filets zuerst in Eigelb, danach in frischem, fein geriebenem Parmesan wenden.

Butter und Olivenöl erhitzen und das Fleisch auf beiden Seiten sehr langsam knusprig braten. Vorsichtig wenden, damit sich die Käsekruste nicht löst. Aus der Pfanne nehmen und im Ofen warm stellen.

Mit Gemüsebrühe den Bratenfond lösen, Sahne und 1 EL Parmesan dazugeben. Mit einem kleinen Schneebesen verrühren und langsam cremig einkochen lassen. Mit Salz, Pfeffer und ein paar Tropfen Orangensaft abschmecken. Mandelstifte ohne Fett in einer Pfanne goldgelb rösten.

Filets auf vorgewärmten Tellern anrichten, Sauce daran gießen und mit gerösteten Mandelstiften garnieren.

Schmeckt grandios! Servieren Sie Broccoli oder einen knackigen Salat dazu.

Pro Portion	Kcal	KJ	Fett	Eiweiß	KH
Gesamt ca.	558	2332	41,3	45,3	1,2

Putenschnitzel Cordon bleu

Zutaten
2 Portionen

4 Putenschnitzel (je ca. 70 g,
dünn geschnitten)
2 Scheiben gekochter
Schinken (gesamt ca. 80 g)
2 Scheiben Gouda Käse
(gesamt ca. 80 g)
1 EL Paniermehl
2 EL Parmesan
20 g Butter
2 EL Olivenöl
1 Ei
Pfeffer
Salz

Die Putenschnitzel kalt abwaschen und mit Küchenkrepp
trocken tupfen, salzen und dezent pfeffern.

2 Schnitzel mit Schinken, 2 Schnitzel mit Käse belegen.
Jeweils ein Schnitzel mit Schinken, ein Schnitzel mit Käse
übereinander legen. Mit Fleischnadel zusammenhalten.

In einem tiefen Teller Eigelb verquirlen. In einem flachen
Teller Parmesan und Paniermehl vermischen.
Schnitzel zuerst in Eigelb, danach in der Panade wenden.

Butter und Olivenöl in einer Pfanne erhitzen und auf
beiden Seiten etwa 5 Minuten goldgelb brutzeln.

Essen Sie ein feines Gemüse oder einen leckeren, frischen
Blattsalat dazu.

Pro Portion	Kcal	KJ	Fett	Eiweiß	KH
Gesamt ca.	726	3029	45,7	75,1	3,6

Putenschnitzel Mozzarella

Die Putenschnitzel kalt abwaschen und mit Küchenkrepp trocken tupfen, salzen und dezent pfeffern.

Butter und Olivenöl in einer Pfanne erhitzen und Schnitzel auf beiden Seiten etwa 3 Minuten anbraten.
Backofen auf 220° vorheizen.

Tomaten planchieren, häuten, entkernen und in Scheiben schneiden. Mozzarella ebenfalls in Scheiben schneiden. Putenschnitzel in eine feuerfeste Form geben, mit Schinken, Tomaten und Mozzarella belegen. Mit einem Hauch Paprikapulver bestreuen.
Im Backofen bei 220° etwa 10 Minuten überbacken, bis der Käse cremig zu schmelzen beginnt.

Blumenkohl, Karotten oder Broccoli sind ideale Beilagen.

Zutaten
2 Portionen

2 Putenschnitzel
(gesamt ca. 300 g)
200 g Mozzarella
2 Scheiben Schinken,
gekocht (gesamt ca. 80 g)
2 mittelgroße Tomaten
20 g Butter
2 EL Olivenöl
Pfeffer
Salz

Pro Portion	Kcal	KJ	Fett	Eiweiß	KH
Gesamt ca.	664	2771	41,7	67,6	4,4

Hähnchen Chopsuey

Zutaten
2 Portionen

300 g Hähnchenbrust-Filet
80 g Mungosprossen
4 Maiskölbchen
1 Paprika (ca. 120 g)
1 Karotte (ca. 70 g)
1 Lauchzwiebel
1 Knoblauchzehe
2 EL Sesamöl
2 EL Sojasauce
Sambal Olek
Ingwer
Pfeffer
Salz

Die Hähnchenbrust-Filets kalt abwaschen, mit Küchenkrepp trocken tupfen. In mundgerechte Stücke schneiden und salzen.

Gemüse putzen und waschen. Lauchzwiebel, Paprika und Karotten klein schneiden, Zwiebel in feine Würfel. Im Wok oder einer Bratpfanne Sesamöl nicht zu heiß erhitzen, Fleischstücke und gehackten Knoblauch darin anbraten.

Klein geschnittenes Gemüse, Maiskölbchen und 4 feine Scheiben Ingwer dazugeben. Sojasauce und etwa 3 EL Wasser darüber gießen, mit Salz und weißem Pfeffer abschmecken, gut umrühren und bissfest fertig garen. Mit Sambal Olek scharf würzen – wenn Sie mögen.

Auf vorgewärmten Tellern anrichten. Chinakohl mit Melone dazu servieren.

Pro Portion	Kcal	KJ	Fett	Eiweiß	KH
Gesamt ca.	342	1432	18,0	35,9	7,6

Hähnchen Hot Curry

Die Hähnchenbrust-Filets kalt abwaschen, mit Küchenkrepp trocken tupfen. In mundgerechte Streifen schneiden und salzen.

Gemüse putzen und waschen. Lauch in Ringe, Karotten in Streifen, Zwiebel in feine Würfel schneiden.

Butter und Olivenöl im Wok oder einer großen Pfanne erhitzen, geschnittene Zwiebel glasig dünsten, Fleisch dazugeben und etwa 4 Minuten anbraten. Klein geschnittenes Gemüse und 4 feine Scheiben Ingwer zum Fleisch geben. Gemüsebrühe aufgießen, Gewürzpaste, Sahne und Sojasauce darunter rühren. Mit Salz und weißem Pfeffer abschmecken, ständig gut umrühren und bissfest fertig garen.

Wenn Sie es richtig scharf mögen, mit Red Hot Curry würzen.

Zutaten
2 Portionen

300 g Hähnchenbrust-Filet
100 ml Gemüsebrühe
120 g Lauch
120 g Karotten
1 kleine Zwiebel
80 ml Sahne
20 g Butter
2 EL Olivenöl
2 EL Sojasauce
2 EL Gewürzpaste (Curry)
1 TL Curry (Red Hot Curry)
Zitronensaft
Ingwer
Salz

Pro Portion	Kcal	KJ	Fett	Eiweiß	KH
Gesamt ca.	533	2233	38,7	37,2	8,4

Putenschnitzel mit Camembert

Zutaten
2 Portionen

2 Putenschnitzel
(je ca. 160 g)
250 g Camembert
2 EL Mandelstifte
1 EL Olivenöl
20 g Butter
Paprikapulver
Pfeffer
Salz

Die Putenschnitzel kalt abwaschen, mit Küchenkrepp trocken tupfen, mit Salz, Pfeffer und Paprika würzen.

Backofen auf 220° vorheizen.

In einer Pfanne Butter und Olivenöl erhitzen, eine Prise Salz hineinstreuen.

Die Putenschnitzel auf beiden Seiten scharf anbraten. Wenn sie goldgelb kross gebrutzelt sind, aus der Pfanne nehmen und in eine feuerfeste Form geben.

Camembert in Scheiben schneiden und über das Fleisch legen.

Im Backofen gut 10 Minuten überbacken, bis der Käse cremig geschmolzen ist.

Mandelstifte ohne Fett in einer Pfanne leicht rösten.

Anrichten und die gerösteten Mandelstifte darüber streuen.

Schnell, einfach, unkompliziert, das kann sich sogar mein Sumo selbst zubereiten.

Ganz prima passt Endiviensalat dazu, das wird auch Ihnen köstlich schmecken.

Pro Portion	Kcal	KJ	Fett	Eiweiß	KH
Gesamt ca.	591	2461	44,7	47,1	0,3

Hühnerfrikassee mit Spargel

Zutaten
2 Portionen

500 g Suppenhuhn
100 g Spargel (Glas)
140 g Karotten
200 g Sellerie-Knollen
200 g Lauch-Stangen
100 g Zwiebeln
30 ml Weißwein
4 EL Sahne
1 TL Bindemittel
(pflanzlich ohne KH)
Pfeffer
Salz

Karotten, Lauch, Sellerie und Zwiebeln putzen, waschen, in grobe Stücke schneiden und in leicht gesalzenem Wasser aufkochen. Das Suppenhuhn kalt abwaschen und in die Brühe legen. Etwa 1 Stunde auf mittlerer Hitze köcheln.

Das Huhn aus dem Sud nehmen und abkühlen lassen. Fleisch von den Knochen lösen und in Stücke schneiden.

Etwa 250 ml Hühnerbrühe, Sahne und Wein in einen Topf geben, mit Salz und Pfeffer würzen, kurz erhitzen.

Pflanzliches Bindemittel hineinstreuen und gut verrühren. Spargel abtropfen lassen, klein schneiden und mit dem Hühnerfleisch in die sämige Sauce geben.

Auf knackig frischem Kopfsalat anrichten, mit Schnittlauch bestreuen. Ein feines, leichtes Menü.

Pro Portion	Kcal	KJ	Fett	Eiweiß	KH
Gesamt ca.	709	2969	55,9	47,7	1,4

Hähnchenbrust
in Gorgonzolasauce

Das Fleisch kalt abwaschen, mit Küchenkrepp trocknen, salzen und mit etwas Pfeffer würzen.
Backofen auf 70° vorheizen.

Butter und Olivenöl in einer Pfanne erhitzen, eine Prise Salz hineinstreuen und Fleisch scharf anbraten.
Pfanne in den Backofen, zugedeckt etwa 30 Minuten garen.
Fleisch aus der Pfanne nehmen und warm stellen.
Mit Gemüsebrühe den Bratenfond lösen, Sahne dazugeben und einkochen lassen.

Gorgonzola zerbröseln und in die Sauce rühren. Gehackte Petersilie und Thymian dazugeben, mit Salz und Pfeffer würzen. Köcheln, bis die Sauce schön sämig ist.

Das Fleisch in Scheiben schneiden, anrichten und die Sauce darüber geben. Schmeckt lecker mit Tomaten oder Paprika.

Zutaten
2 Portionen

300 g Hähnchenbrust-Filet
50 g Gorgonzola
20 g Butter
1 EL Olivenöl
50 ml Gemüsebrühe
150 ml Sahne
Petersilie
Thymian
Pfeffer
Salz

Pro Portion	Kcal	KJ	Fett	Eiweiß	KH
Gesamt ca.	651	2722	53,2	40,1	2,7

Hähnchenbrust mit Champignon

Zutaten
2 Portionen

300 g Hähnchenbrust-Filet
250 g Champignons
125 ml Gemüsebrühe
50 g Crème fraîche
100 g Zwiebeln
6 g Steinpilze (getrocknet)
20 g Butter
Rosmarin
Pfeffer
Salz

Das Fleisch kalt abwaschen, mit Küchenkrepp trocknen. In grobe Würfel schneiden, salzen und mit etwas Pfeffer würzen. Steinpilze in kaltem Wasser einweichen.

Frische Champignons putzen und in Scheiben schneiden. In einer Pfanne Butter und Olivenöl erhitzen, klein geschnittene Zwiebeln glasig dünsten. Fleisch dazugeben, anbraten und mit der Gemüsebrühe ablöschen.

Die Champignons und Steinpilze zum Fleisch geben. (Die Steinpilze geben dem Gericht ein wunderbares, volles Pilzaroma.) Ein paar Nadeln Rosmarin dazu, mit Salz und Pfeffer würzen.
Bei geringer Hitze etwa 10 Minuten köcheln lassen. Crème fraîche unterziehen und gut verrühren.

Frischen Endivien- oder Kopfsalat dazu servieren.

Pro Portion	Kcal	KJ	Fett	Eiweiß	KH
Gesamt ca.	403	1689	25,4	40,8	4,5

Entenbrust
mit Broccolipüree

Das Fleisch kalt abwaschen, mit Küchenkrepp trocknen. Die Haut mit einem scharfen Messer kreuzweise einschneiden, mit Salz und Pfeffer würzen.

In einer Pfanne 2 EL Olivenöl erhitzen, Filets kross anbraten. Das Fleisch in einen Bratenschlauch geben, Zwiebel und ungeschälten Knoblauch dazulegen. Im Backofen bei 200° etwa 20 Minuten garen.

Den Broccoli waschen, gründlich putzen und in einzelne Röschen zerlegen. Die Röschen in einen Topf mit reichlich kochendem Salzwasser geben. Etwa 5 – 8 Minuten weichkochen. Wasser abschütten, Sahne dazugießen, mit einem Pürierstab pürieren. Mit Salz und frisch geriebenem Muskat abschmecken.

Fleisch in Scheiben schneiden und mit dem Püree anrichten.

Zutaten
2 Portionen

400 g Entenbrust-Filet
250 g Broccoli
1 kleine Zwiebel
2 EL Olivenöl
2 Knoblauchzehen
4 EL Sahne
Muskat
Pfeffer
Salz

Pro Portion	Kcal	KJ	Fett	Eiweiß	KH
Gesamt ca.	372	1557	16,8	49,1	6,2

Putenschnitzel im Käsemantel

Zutaten
2 Portionen

2 Putenschnitzel
(je ca. 180 g)
200 g Champignons
40 g Parmesan
40 g Butter
1 kleine Tomate
2 EL Madeira
2 EL Olivenöl
Pfeffer
Salz

Champignons putzen, Anschnitte abschneiden, in Scheiben schneiden. Tomate kreuzweise einschneiden, planchieren, häuten, Kerne entfernen und fein würfeln. 10 g Butter erhitzen, Pilze und Tomaten darin dünsten, leicht salzen.

Schnitzel waschen und mit Küchenkrepp trocken tupfen. Olivenöl und 20 g Butter erhitzen, Fleisch scharf anbraten und bei mäßiger Hitze weitere 3 Minuten braten, mit Salz und Pfeffer würzen.

Auflaufform mit Butter ausreiben, Schnitzel hineinlegen. Bratenfond mit 2 EL Madeira und restlicher Butter verrühren, Champignons und Tomate darin wenden und auf die Schnitzel verteilen. Frischen Parmesan darüberhobeln. Im Ofen bei 200° krustig gratinieren.

Broccoli, Zucchini oder Blumenkohl schmecken fein dazu.

Pro Portion	Kcal	KJ	Fett	Eiweiß	KH
Gesamt ca.	506	2118	30,2	53,8	2,9

Hähnchenbrust an Lauch und Ingwer

Filets waschen, mit Küchenkrepp trocken tupfen und in Streifen schneiden. Eine Marinade aus Sojasauce, 1 EL Olivenöl, klein gehacktem Ingwer und fein gewürfeltem Knoblauch herstellen. Fleisch in Streifen schneiden, in die Marinade legen, eine Stunde im Kühlschrank ziehen lassen.

Tomate waschen, halbieren, Kerne entfernen und vierteln. Lauchzwiebeln waschen und in Ringe schneiden. In einer Pfanne 2 EL Olivenöl erhitzen und Fleisch scharf anbraten. Tomaten und Zwiebeln dazugeben, weitere 5 Minuten braten und ständig umrühren.

Mit Gemüsebrühe ablöschen und bei kleiner Hitze 5 Minuten garen. Mit einer Prise Koriander, Salz und Pfeffer abschmecken.

Gehobelte Mandeln ohne Fett rösten und darüber geben.

Zutaten
2 Portionen

300 g Hähnchenbrust-Filet
100 ml Gemüsebrühe
2 kleine Lauchzwiebeln
3 EL Sojasauce
1 Knoblauchzehe
1 kleine Tomate
15 g Ingwer
3 EL Olivenöl
20 g Mandelblättchen
Koriander
Pfeffer
Salz

Pro Portion	Kcal	KJ	Fett	Eiweiß	KH
Gesamt ca.	407	1703	27,2	37,4	4,2

Fisch und Meeresfrüchte

Sankt Petersfisch

Zutaten
2 Portionen

1 Sankt Petersfisch
(ca.1,2 kg)
2 Knoblauchzehen,
ungeschält
40 g Butter
6 EL Olivenöl
1 Rosmarinzweig
1 Thymianzweig
1 Zitrone
Pfeffer, schwarz
Salz

Den ausgenommenen Fisch waschen, trocknen und mit einem scharfen Messer einschneiden. Innen und außen salzen, mit Zitronensaft und Olivenöl beträufeln, mit schwarzem Pfeffer würzen. Ungeschälte Knoblauchzehen in die Einschnitte stecken, Thymian- und Rosmarinzweig in den Bauch legen.

6 EL Olivenöl in einer großen Pfanne erhitzen und den Fisch darin anbraten.
Nach ca. 4 Minuten wenden und gleichmäßig weiterbraten. Der Fisch ist gar, wenn sein Fleisch weiß geworden und nicht mehr glasig ist.

Wenn der Fisch gar ist, Öl abgießen und etwa 40 g Butter in der Pfanne schmelzen. Kurz aufschäumen lassen und den Fisch mehrmals damit übergießen.

Schmeckt köstlich mit einem mediterranen Salat.

Pro Portion	Kcal	KJ	Fett	Eiweiß	KH
Gesamt ca.	1081	4520	70,0	107,3	1,7

Goldbrasse

Die ausgenommenen Fische waschen, trocknen und mit
einem scharfen Messer einschneiden. Innen und außen
salzen, mit Zitronensaft und Olivenöl beträufeln, mit
einer Prise schwarzem Pfeffer würzen. Zwei ungeschälte
Knoblauchzehen und Salbeiblätter in die Einschnitte legen.

6 EL Olivenöl in einer großen Pfanne erhitzen und die
Fische darin anbraten.

Nach ca. 4 Minuten wenden und gleichmäßig weiterbraten.
Die Fische sind gar, wenn ihr Fleisch weiß geworden und
nicht mehr glasig ist.

Wenn die Fische gar sind, Öl abgießen und etwa 40 g Butter
in der Pfanne schmelzen. Kurz aufschäumen lassen und die
Fische mehrmals damit übergießen.

Schmeckt sehr fein mit frischem Ruccola oder Ratatouille.

Zutaten
2 Portionen

2 Goldbrassen
(je ca. 400 g)
2 Knoblauchzehen,
ungeschält
40 g Butter
6 EL Olivenöl
12 frische Salbeiblätter
1 Zitrone
Pfeffer, schwarz
Salz

Pro Portion	Kcal	KJ	Fett	Eiweiß	KH
Gesamt ca.	816	3418	74,0	37,8	2,2

Scholle mit Pinien

Zutaten
2 Portionen

2 Schollenfilets
(je ca. 250 g)
150 ml Fischfond (Glas)
80 ml Sahne
40 g Butter
3 EL Weißwein
1 EL Pinienkerne
1 EL Mandelstifte
Zitronensaft
Pfeffer, weiß
Salz

Die Schollenfilets waschen, mit Zitronensaft beträufeln, salzen und mit einem Hauch weißem Pfeffer würzen. Fischfond erhitzen, die Filets hineinlegen und ca. 3 Minuten dünsten. Die garen Filets vorsichtig mit einer Schaumkelle aus dem Topf nehmen und warm stellen.

Die Sahne zum Fischfond dazugeben und einkochen lassen. Butter in kleine Stücke schneiden und mit einem Schneebesen in die Sauce einrühren. Den Wein dazugießen, mit Salz und einer Prise Pfeffer abschmecken.

Pinienkerne und Mandelstifte ohne Fett in einer Pfanne rösten. Die Schollenfilets auf warmen Tellern anrichten, Sauce über den Fisch gießen, mit Pinienkernen und Mandelstiften garnieren.

Blattspinat oder Blattsalat sind ideale Beilagen.

Pro Portion	Kcal	KJ	Fett	Eiweiß	KH
Gesamt ca.	582	2439	41,5	45,1	2,7

Forelle mit Mandeln

Forelle filetieren, waschen, mit Zitronensaft beträufeln, gut salzen und mit einer Prise weißem Pfeffer würzen.

In einer großen Pfanne etwa 40 g Butter und 2 EL Olivenöl erhitzen. Eine Prise Salz ins Bratfett geben und die Forellen darin auf jeder Seite ca. 5 Minuten behutsam braten.

Vorsichtig aus der Pfanne nehmen, auf vorgewärmten Tellern anrichten und warm stellen.

Bratfett abgießen und 40 g Butter in der Pfanne schmelzen. Die Mandeln in der Butter goldgelb rösten. Butter mit gerösteten Mandeln über die Forellen geben. Mit Zitronenscheiben garnieren und gleich servieren.

Ein knackig frischer Endivien- oder grüner Blattsalat schmecken besonders köstlich dazu.

Zutaten
2 Portionen

2 Forellen
(je ca. 250 g)
40 g Butter
2 EL Olivenöl
30 g Mandelblättchen
1 Zitrone
Pfeffer, weiß
Salz

Pro Portion	Kcal	KJ	Fett	Eiweiß	KH
Gesamt ca.	650	2725	48,0	54,4	0,7

Zander in Wein

Zutaten
2 Portionen

500 g Zanderfilet
100 ml Fischfond (Glas)
40 g Butter
50 ml Weißwein
50 ml Sahne
1 Schalotte
1 Zitrone
Pfeffer, weiß
Salz

Zander waschen, mit Zitronensaft beträufeln, salzen und mit einem Hauch weißem Pfeffer würzen.
Backofen auf 180° vorheizen.
Eine Auflaufform mit 20 g Butter ausstreichen und den Fisch hineinlegen. Die restliche Butter flockig über dem Fisch verteilen. Schalotte klein schneiden und darüber geben.
Die Auflaufform in den vorgeheizten Backofen schieben und zugedeckt ca. 15 Minuten auf mittlerer Schiene garen lassen.

Fischfond, Weißwein und Sahne in einen Topf geben und langsam zu einer cremigen Masse einkochen lassen. Mit Salz und Pfeffer abschmecken.
Zander auf vorgewärmten Tellern anrichten und Sauce darüber geben.

Schmeckt lecker mit Spargel oder grünem Salat.

Pro Portion	Kcal	KJ	Fett	Eiweiß	KH
Gesamt ca.	476	2002	27,5	49,3	2,6

Zanderklößchen

Gekühlten Fisch durch einen Fleischwolf drehen.
200 ml kalte, flüssige Sahne dazugeben.
Masse mit Pürierstab fein pürieren, mit Salz und Pfeffer
würzen. Weitere 200 ml flüssige Sahne unterrühren, danach
die geschlagene Sahne.

Die Fischmasse ca. 30 Minuten kalt stellen.

Für die Sauce klein geschnittene Schalotte, Wein und Fischfond in einen Topf füllen, aufkochen und auf die Hälfte
reduzieren. 250 ml Sahne dazugießen, bei geringer Hitze
köcheln, bis die Sauce cremig ist, 50 g Butterstücke
einrühren. Mit Salz, Pfeffer, Zitronensaft abschmecken
und durch ein Sieb passieren.

Gemüsebrühe erhitzen. Mit zwei Esslöffeln Klöße formen,
in die Brühe geben und ca. 8 Minuten sanft ziehen lassen.
Klöße anrichten und Sauce darüber geben.

Zutaten
2 Portionen

400 g Zander
400 ml Sahne (kalt)
50 ml geschlagene Sahne
1 Liter Gemüsebrühe
Pfeffer
Salz

Für die Sauce:

1 Schalotte
150 ml Weißwein
400 ml Fischfond (Glas)
250 ml Sahne
50 g Butter
Zitronensaft
Pfeffer
Salz

Pro Portion	Kcal	KJ	Fett	Eiweiß	KH
Gesamt ca.	1474	6179	131,0	51,1	14,1

Lachs-Steak mit Ratatouille

Zutaten
2 Portionen

2 Lachssteaks
(je ca. 250 g)
2 Knoblauchzehen
1 Lorbeerblatt
Zitronensaft
3 EL Olivenöl
20 g Butter
Pfeffer, weiß
Salz

Den Lachs waschen, trocknen, mit Zitronensaft beträufeln, salzen und mit einem Hauch weißem Pfeffer würzen.
Butter und Olivenöl in einer Pfanne erhitzen, eine Prise Salz hineinstreuen und die Lachsstücke darin anbraten.
Ein Lorbeerblatt, rote Pfefferkörner und eine Knoblauchzehe dazugeben.

Das Lorbeerblatt gibt dem Fisch ein wunderbar rundes, herzhaftes Aroma.

Sobald der Lachs goldbraun kross gebraten ist, zusammen mit dem gebratenen Knoblauch auf einem Teller anrichten.

Servieren Sie ein mediterranes Ratatouille (siehe Seite 122) dazu oder Chicorée nach spanischer Bauernart.

Wunderbar unkompliziert, schnell und lecker.

Pro Portion	Kcal	KJ	Fett	Eiweiß	KH
Gesamt ca.	568	2379	45,0	40,9	0,5

Forelle blau

Zutaten
2 Portionen

Zutaten
2 Portionen

2 Forellen
(je ca. 250 g)
50 ml Weinessig
1 Karotte
1 Zwiebel
1 Lauchstange
$^1/_2$ Bund Petersilie
1 Lorbeerblatt
3 Wacholderbeeren
1 TL Pfefferkörner
40 g Butter
1 Zitrone
Salz

Gut 2 Liter Wasser in einem großen Topf erhitzen. Lauch, Zwiebel, Karotte und Petersilie klein schneiden. Gemüse, Essig, eine Prise Salz und alle Gewürze in das kochende Wasser geben, kurz aufkochen lassen.

Die Forellen vorsichtig unter kaltem Wasser waschen. Die Schleimschicht darf nicht verletzt werden. Fische ausnehmen, abwaschen und innen gut salzen. Fische in den Sud geben und Temperatur auf kleinste Stufe reduzieren.

Etwa 10 Minuten ziehen lassen und die Forellen auf vorgewärmten Tellern anrichten. Etwa 40 g Butter in einem kleinen Pfännchen zerlassen, nicht zu stark erhitzen und separat in einem Schälchen dazu reichen.

Zusammen mit Lauchgemüse, Endivien- oder frischem Blattsalat ist es eine feine, delikate Mahlzeit.

Pro Portion	Kcal	KJ	Fett	Eiweiß	KH
Gesamt ca.	445	1859	23,5	57,2	0,2

Eglifilet

Eglifilets sind in der Schweiz und in Süddeutschland ein überaus beliebter Fischgenuss. Unbedingt probieren!

Filets waschen, mit Zitronensaft beträufeln, salzen und mit einer Prise weißem Pfeffer würzen. Eglifilets leicht mit Mehl bestäuben.

In einer großen Pfanne Butter und Olivenöl erhitzen. Fischfilets darin auf jeder Seite ca. 3 Minuten behutsam goldbraun brutzeln. Vorsichtig aus der Pfanne heben, auf vorgewärmten Tellern anrichten und warm stellen. Mandeln ohne Butter goldgelb rösten und über die Fische geben.

Zu dieser Delikatesse einen grünen, knackig frischen Salat servieren. Auch Blattspinat oder Zuckerschoten passen vorzüglich dazu.

Zutaten
2 Portionen

6 Eglifilets
(gesamt ca. 450 g)
40 g Butter
1 EL Olivenöl
30 g Mandelblättchen
Zitronensaft
Mehl
Pfeffer
Salz

Pro Portion	Kcal	KJ	Fett	Eiweiß	KH
Gesamt ca.	379	1588	32,5	19,7	1,7

Garnelen mit Avocado

Zutaten
2 Portionen

280 g Garnelen (gekocht)
1 Avocado (ca. 300 g)
3 EL Mayonnaise
1 TL Tomatenketchup
1 TL Orangensaft
1 TL Zitronensaft
Paprikapulver
Pfeffer, weiß
Salz

Vorgegarte Garnelen kalt abspülen und trocken tupfen. Mit Zitronensaft, Salz und weißem Pfeffer würzen.

Für das Dressing Mayonnaise mit Tomatenketchup und Orangensaft verrühren. Garnelen in das Dressing geben und vermengen. Mit Zitronensaft, Salz und Pfeffer nochmals abschmecken und ein paar Minuten ziehen lassen, mit einem Hauch Paprikapulver bestreuen.

Die reife Avocado waschen, trocknen, längs halbieren und den Stein herauslösen. Sie können nun die Avocado mit den Garnelen füllen und auf Salat anrichten.
Oder Sie schälen die Avocado, schneiden mundgerechte Stücke und mischen diese unter die Garnelen.

Beide Varianten sind ein überaus leckerer Genuss.

Pro Portion	Kcal	KJ	Fett	Eiweiß	KH
Gesamt ca.	644	2695	56,5	31,9	3,0

Lachsfilet
mit Garnelen

Vorgegarte Garnelen kalt abspülen und trocken tupfen. Olivenöl in eine Pfanne geben und erhitzen. Garnelen darin anbraten, etwas salzen und warm stellen.

Lachs waschen, abtrocknen und salzen. Karotte in feine Streifen hobeln. Fischfond aufkochen, Weißwein, flüssige Sahne und Butter dazugeben. Hitze reduzieren, Lachsscheiben und Karottenstreifen in den Sud geben. Etwa 5 Minuten bei geringer Hitze leicht köcheln lassen.

Den Lachs und die Karotten mit einer Schaumkelle aus dem Sud nehmen und auf vorgewärmten Tellern anrichten. Mit den gebratenen Garnelen dekorieren und ein paar Löffel Fischsud darüber geben.

Reichen Sie feinen Blattspinat oder gegrillte Tomaten dazu.

Zutaten
2 Portionen

2 Lachfilets
(je ca. 220 g)
6 Garnelen
1 Karotte (ca. 70 g)
100 ml Fischfond (Glas)
150 ml Weißwein
100 ml Sahne
20 g kalte Butter
2 EL Olivenöl
Salz

Pro Portion	Kcal	KJ	Fett	Eiweiß	KH
Gesamt ca.	758	3164	53,8	52,7	2,9

Rotbarsch
mit Salbeibutter

Zutaten
2 Portionen

2 Rotbarschfilets
(je ca. 240 g)
Salbei, frische Blätter
Zitronensaft
30 g Butter
1 EL Olivenöl
Mehl
Pfeffer, weiß
Salz

Den Fisch waschen, trocknen, mit Zitronensaft beträufeln, salzen und mit einer Prise weißem Pfeffer würzen. Fische leicht mit Mehl bestäuben.

Butter und Olivenöl in einer Pfanne erhitzen und die Fische von beiden Seiten jeweils etwa 3 Minuten goldbraun braten. Den Fisch auf vorgewärmten Tellern anrichten und warm stellen.

Etwas Butter in einer kleinen Pfanne schmelzen und die frischen Salbeiblätter kurz darin schwenken. Salbei auf die Fische legen und die Butter über den kross gebratenen Fischfilets verteilen.

Frische grüne Zuckerschoten, eine Tomate oder grünen Blattsalat dazu: ein leckeres leichtes Essvergnügen!

Pro Portion	Kcal	KJ	Fett	Eiweiß	KH
Gesamt ca.	436	1834	28,5	44,0	1,5

Rotbarsch
mit Pfifferlingen

Den Fisch waschen, trocknen, mit Zitronensaft beträufeln, salzen und mit einem Hauch weißem Pfeffer würzen.

Die Schalotte klein hacken, die Pfifferlinge putzen und den Spargel in große Stücke schneiden. Etwas Butter in eine Pfanne geben und erhitzen. Zuerst die Schalotten glasig dünsten, danach die Pfifferlinge und den Spargel dazugeben, salzen und leise garen.

Das Olivenöl und etwas Butter erhitzen und den Fisch auf beiden Seiten kurz darin anbraten.

Fisch auf vorgewärmten Tellern anrichten, mit Pilzen und Spargel umlegen, gehackte Petersilie darüber streuen.

Schnell zubereitet, eine leichte, köstlich gesunde Mahlzeit.

Zutaten
2 Portionen

2 Rotbarschfilets
(je ca. 240 g)
6 Spargel aus dem Glas
(ca. 120 g)
200 g Pfifferlinge
(frisch oder aus der Dose)
2 EL Olivenöl
30 g Butter
1 Schalotte
Zitronensaft
Petersilie
Pfeffer, weiß
Salz

Pro Portion	Kcal	KJ	Fett	Eiweiß	KH
Gesamt ca.	516	2175	36,5	46,4	1,5

Austern gratiniert

Offen gesagt, hatte ich über lange Zeit große Probleme mit diesem glibberigen Zeug. Es war mir nahezu nicht möglich, rohe Austern ohne Würgereiz zu essen. Zusammen mit einem kräftigen Schluck Weißwein hat es jedoch meistens geklappt. Rohe Austern sind für viele Feinschmecker ein Hochgenuss, für mich nicht unbedingt.
Dennoch wollte ich auf diesen kleinen Luxus nicht verzichten und habe nach einer Möglichkeit gesucht, um Austern endlich mit Genuss zu essen.
Bevor Sie loslegen können, gibt es aber noch eine kleine Hürde zu nehmen: das Öffnen der Muschel. Kein Problem: Mit einem Tuch und einem Austernmesser schaffen Sie das.

Zutaten
2 Portionen

10 gut geschlossene Austern
150 ml Fischfond (Glas)
100 ml Weißwein
100 ml Sahne
30 g kalte Butter
grobes Salz
Parmesan
Pfeffer, weiß
Salz

Die Austern unter kaltem Wasser gut waschen und trocknen. Eine Auster mit der flachen Seite nach oben auf das Tuch legen, mit der linken Hand festhalten. Am Scharnier, das ist die schmale Stelle an der Muschel, kräftig, aber vorsichtig mit dem Austernmesser einstechen und das Scharnier durchtrennen. Mit dem Messer langsam zwischen den Schalen rundum durchfahren und die flache Muschelschale abheben. Das Wasser aus der Muschel in einem Schälchen auffangen. Das war's!

Das Austernfleisch behutsam ablösen und herausnehmen. Die Austernschalen auswaschen und abtrocknen.

Ohne einen Halt lassen sich die Austernschalen nicht füllen. Verteilen Sie eine dicke Schicht grobes Salz auf einem Backblech und stellen Sie die Schalen darauf. Jetzt wackelt nichts mehr.

Das Austernwasser mit dem Fischfond in einen kleinen Topf geben und kurz aufkochen. Die Austern etwa 3 Sekunden darin schwenken, gleich abschöpfen, in die Austernschalen legen und im Backofen warm stellen.

Weißwein in den Sud geben, verrühren und auf die Hälfte einkochen lassen. Die flüssige Sahne dazugießen und bei geringer Hitze unter ständigem Rühren schlagen, bis die Sauce sämig-cremig wird.
Butter einrühren, mit Salz und Pfeffer dezent abschmecken. Löffelweise über die Austern geben, etwas frisch gehobelten Parmesan darüber streuen und im Ofen krustig gratinieren.

Mit einem Gläschen trockenem Riesling lustvoll genießen, Sie haben es sich redlich verdient.

Pro Portion	Kcal	KJ	Fett	Eiweiß	KH
Gesamt ca.	410	1717	34,0	9,9	2,6

Jakobsmuscheln gratiniert

Zutaten 1 Portion: 100 g Jakobsmuscheln, 1 Schalotte, 20 g Parmesan, 15 g Butter, 30 ml Weißwein, 50 ml Sahne, Pfeffer, Salz

Zubereitung: Gewürfelte Schalotte in heißer Butter glasig dünsten. Mit Wein und Sahne ablöschen, etwas einkochen lassen. Muscheln in die Sahnesauce geben, würzen und in Schälchen füllen. Mit frisch geriebenem Parmesan bestreuen und im Ofen bei 200° ca. 10 Min. gratinieren.

Pro Portion	Kcal	KJ	Fett	Eiweiß	KH
Gesamt ca.	530	2223	44,2	18,1	7,4

Garnelen mit Knoblauch

Zutaten 1 Portion: 220 g Garnelen, 1 Knoblauchzehe, 1 kleine Zwiebel, 20 g Butter, 1 EL Olivenöl, Petersilie, Pfeffer, Salz

Zubereitung: Garnelen aus dem Panzer lösen und gründlich säubern. Knoblauch und Zwiebel klein schneiden. Butter und Olivenöl erhitzen, Zwiebel und Knoblauch darin glasig dünsten. Garnelen dazugeben und ca. 3 Min. braten. Salzen, pfeffern, Petersilie darüber geben.

Pro Portion	Kcal	KJ	Fett	Eiweiß	KH
Gesamt ca.	485	2034	35,1	41,7	2,9

Muscheln in Weißweinsoße

Zutaten 1 Portion: 500 g Miesmuscheln, 1 Karotte, 1 Zwiebel, 2 Knoblauchzehe, 300 ml Gemüsebrühe, 150 ml Weißwein, 2 EL Olivenöl, 1 Lorbeerblatt, Petersilie, Pfeffer, Salz

Zubereitung: Muscheln waschen. Karotte, Zwiebel und Knoblauch würfeln, in heißem Olivenöl glasig dünsten. Muscheln, Petersilie und Lorbeer dazugeben. Mit Wein, Gemüsebrühe ablöschen, würzen, langsam kochen bis Muscheln geöffnet sind.

Pro Portion	Kcal	KJ	Fett	Eiweiß	KH
Gesamt ca.	672	2817	40,2	50,0	2,7

Muscheln mit Käse gratiniert

Zutaten 1 Portion: 140 g eingelegtes Muschelfleisch (tiefgekühlt oder aus dem Glas) oder Reste von Muscheln in Weißweinsoße verwerten. 40 g geriebener Emmentaler, 20 g Butter

Zubereitung: Muscheln aus der Schale lösen, in kleine Auflaufformen oder Muschelschalen geben. Frisch geriebenen Käse und Butterflocken über den Muscheln verteilen und im Backofen bei 200° ca. 10 Min. gratinieren.

Pro Portion	Kcal	KJ	Fett	Eiweiß	KH
Gesamt ca.	380	1596	31,8	25,3	0,0

Rotbarschfilet paniert

Zutaten 1 Portion: 240 g Rotbarschfilet, 20 g Butter, 1 TL Paniermehl, 2 EL Parmesan, 1 EL Olivenöl, Zitronensaft, 1 Ei, Pfeffer, Salz

Zubereitung: Den Fisch waschen, mit Zitronensaft beträufeln, salzen, pfeffern. Filet in geschlagenem Ei und Panade aus Paniermehl und Parmesan wenden. In Öl und Butter auf beiden Seiten jeweils 5 Min. goldgelb braten. Mit einer Remouladensauce und Blattsalat servieren.

Pro Portion	Kcal	KJ	Fett	Eiweiß	KH
Gesamt ca.	645	2708	48,0	53,0	2,8

Lachssteak gegrillt auf Blattspinat

Zutaten 1 Portion: 1 Lachssteak (ca. 220 g), 20 g Butter, 1 EL Olivenöl, Zitronensaft, Pfeffer, Salz

Zubereitung: Den Fisch waschen, trocknen, mit Zitronensaft beträufeln, gut salzen und mit einer Prise weißem Pfeffer würzen. Auf einem Elektrogrill oder in einer Grillpfanne mit heißem Olivenöl auf beiden Seiten goldgelb brutzeln. Auf Blattspinat anrichten und mit einer Tomate dekorieren.

Pro Portion	Kcal	KJ	Fett	Eiweiß	KH
Gesamt ca.	568	2376	46,0	40,6	0,0

Kabeljau in Weißweinsoße

Zutaten 1 Portion: 220 g gefrorenen Kabeljau, 1 kleine Zwiebel, 30 ml Weißwein, 80 ml Sahne, 20 g Butter, Pfeffer, Salz, Zitronensaft

Zubereitung: Den Fisch auftauen, säuern, salzen, pfeffern und in eine Auflaufform legen. Gehackte Zwiebeln in Butter andünsten, mit Sahne und Wein ablöschen. Mit Salz und Pfeffer abschmecken. Sauce über den Fisch gießen und im Ofen bei 180° ca. 20 Min. garen. Salat dazu servieren.

Pro Portion	Kcal	KJ	Fett	Eiweiß	KH
Gesamt ca.	594	2488	43,5	40,7	5,2

Seeteufel an Kapern

Zutaten 1 Portion: 240 g Seeteufel, 6 schwarze Oliven, 1 Tomate, 1 Zweig Rosmarin, Petersilie, Zitronensaft, 3 EL Olivenöl, 10 g Kapern, Pfeffer, Salz

Zubereitung: Filets waschen, trocknen, mit Zitronensaft beträufeln, salzen, mit Pfeffer würzen und in eine hitzefeste Form legen. Tomaten, Kapern, Oliven, Rosmarin auf den Fisch geben. Olivenöl darüber gießen und bei 200° im Ofen ca. 25 Min. schmoren.

Pro Portion	Kcal	KJ	Fett	Eiweiß	KH
Gesamt ca.	1001	4189	94,9	37,9	2,7

Käse

Camembert mit Kokosbirnen

Zutaten
2 Portionen

200 g Camembert
130 g Birne
2 EL Kokosflocken
1 EL Olivenöl
30 g Butter
2 Eiweiß
Zitronensaft
Pfeffer

Birne waschen, schälen und in Spalten schneiden, alle Seiten mit etwas Zitronensaft beträufeln.
Kokosflocken und grob gemahlenen Pfeffer mischen. Eiweiß mit der Gabel schaumig schlagen. Die Birnenspalten zuerst in geschlagenem Eiweiß wenden, danach mit den Kokosflocken panieren.

Butter und 1 EL Olivenöl in eine Pfanne geben und nicht zu stark erhitzen. 1 Prise Salz in das heiße Fett geben, das macht die Panade noch knuspriger. Die panierten Birnenstücke langsam brutzeln, bis die Kokosflocken goldgelb gebraten sind.

Reifen Camembert in Scheiben schneiden und zusammen mit den gebackenen Birnenstücken anrichten.

So köstlich kann Diät schmecken!

Pro Portion	Kcal	KJ	Fett	Eiweiß	KH
Gesamt ca.	477	1992	38,5	25	7,7

Käsesalat mit Ei und Schinken

Die Eier etwa 10 Minuten lang hart kochen. Käse und Schinken in dünne, kurze Streifen schneiden. Chinakohl fein schneiden. Käse, Schinken und Chinakohl mit Essig, Öl und ein wenig Wasser anmachen, mit Salz und Pfeffer würzen. Gut 10 Minuten ziehen lassen.

Sahne steif schlagen. Die steife Sahne mit Crème fraîche, Senf, einer Prise Salz und einem Hauch frisch gemahlenem Pfeffer zu einer Salatcreme verrühren. Auf einem Teller anrichten und die Salatcreme mit einem Löffel auf den Salat geben. Mit Schnittlauch bestreuen, mit Kapern und kleinen Essiggurken dekorieren.

Statt mit Emmentaler kann der Salat auch mit feinem altem Gouda zubereitet werden.

Geht schnell, schmeckt immer.

Zutaten
2 Portionen

160 g Emmentaler
120 g Schinken, gekocht
50 g Schlagsahne
30 g Crème fraîche
2 kleine Essiggurken
60 g Chinakohl
2 Eier
1 EL Olivenöl
1 EL Kapern
1 EL Essig
1 TL Senf
Schnittlauch
Pfeffer
Salz

Pro Portion	Kcal	KJ	Fett	Eiweiß	KH
Gesamt ca.	671	2792	53,3	45,3	3,0

Ziegenkäse in Zucchini

Zutaten
2 Portionen

200 g Ziegenkäse
280 g Zucchini
4 EL Olivenöl
20 g Butter
Pfeffer
Salz

Den Ziegenkäse in kleine Würfel schneiden.
Die Zucchini der Länge nach mit einer Aufschnittmaschine
in acht dünne Scheiben schneiden.

Butter in einer Pfanne erhitzen und die Zucchinistreifen
darin kurz anbraten. Sobald die Zucchini leicht angebraten
ist, aus der Pfanne nehmen und mit Küchenpapier trocken
tupfen. Mit Salz und Pfeffer würzen.

Jeweils zwei Zucchinischeiben kreuzweise übereinander-
legen. Den Ziegenkäse auf den Zucchinischeiben verteilen
und zu kleinen Päckchen zusammenlegen.
Das Olivenöl erhitzen und die Zucchinipäckchen auf beiden
Seiten langsam anbraten, bis sie leicht braun geworden sind.

Köstlich schmecken Rotkrautsalat oder Chicorée dazu.

Pro Portion	Kcal	KJ	Fett	Eiweiß	KH
Gesamt ca.	523	2182	46,6	23,2	2,9

Emmentaler in Mortadella

Die Käsescheiben einzeln aufrollen und je eine Scheibe Mortadella um den Käse wickeln. Zahnstocher oder kleine Holzstäbchen durch die Röllchen stecken, damit sie nicht auseinander fallen. Die Holzstäbchen mit einer Schere kurz schneiden, damit die Röllchen besser angebraten werden können.

Öl in einer Pfanne erhitzen und die Röllchen von allen Seiten braten, bis der Käse zu schmelzen beginnt. Vor dem Servieren die Holzstäbchen entfernen.

Zusammen mit einem leckeren Salat ist es eine komplette Mahlzeit, die schnell zubereitet ist und pfannenfrisch am besten schmeckt.

Als Beilagen passen Ruccola, Chicorée oder Tomaten.

Zutaten
2 Portionen

6 Scheiben Emmentaler
(ca. 250 g)
6 Scheiben Mortadella
(gesamt ca. 200 g)
2 EL Olivenöl
Holzstäbchen oder
Zahnstocher

Pro Portion	Kcal	KJ	Fett	Eiweiß	KH
Gesamt ca.	854	3560	71,5	52,1	0,0

Ziegenkäse in Mangoldblätter

Zutaten
2 Portionen

4 große Mangoldblätter
(gesamt ca. 120 g)
4 Scheiben gekochter
Schinken (ca. 120 g)
250 g Ziegenschnittkäse
100 g Tomaten, gestückelt
(aus der Dose)
100 ml Gemüsebrühe
25 g Butter
1 EL Olivenöl
Schnittlauch
Pfeffer
Salz
Holzstäbchen

Die Mangoldblätter waschen und trocken tupfen. Die Rinde um den Ziegenkäse entfernen und den Käse in feine Scheiben schneiden. Jedes Mangoldblatt mit einer Scheibe Schinken und mit Käse belegen. Die Blätter mit der Füllung behutsam zusammenrollen und mit Holzstäbchen zusammenhalten.

Butter und Olivenöl in einem Topf zerlassen und die Rouladen darin bei leichter Hitze dünsten und warm halten.

Die Tomatensoße:
Tomatenstückchen mit der Brühe verrühren und zugedeckt etwa 10 Minuten garen. Den Schnittlauch in feine Röllchen schneiden. Die Tomatensauce mit Salz, Pfeffer und Schnittlauch würzen. Holzstäbchen aus den Rouladen entfernen und mit der Tomatensauce servieren.

Pro Portion	Kcal	KJ	Fett	Eiweiß	KH
Gesamt ca.	622	2590	50,8	42,4	2,2

Schafskäse im Speckmantel

Den Schafskäse in Würfel schneiden. Die einzelnen Speckscheiben mit dem Schafskäse belegen und mit eine Prise Pfeffer würzen. Zusammenrollen und die Röllchen mit Zahnstocher oder Holzstäbchen zusammenhalten. Die Zahnstocher mit einer Schere kurz schneiden, damit die Röllchen besser angebraten werden können.

Öl und Butter in einer Pfanne erhitzen, eine Prise Salz in das Bratfett streuen und die Röllchen von allen Seiten langsam braten, bis die Röllchen kross gebrutzelt sind.

Vor dem Servieren die Holzstäbchen entfernen. Mit Pfeffer würzen und mit einem Hauch Balsamico besprühen.

Als Beilagen schmecken Ruccola-, Endivien-, Feldsalat oder Tomaten besonders köstlich.

Zutaten
2 Portionen

150 g Schafskäse (mild)
Speckscheiben, geräuchert
(gesamt ca. 120 g)
4 EL Olivenöl
20 g Butter
Balsamico
Pfeffer
Salz

Pro Portion	Kcal	KJ	Fett	Eiweiß	KH
Gesamt ca.	806	3367	79,7	22,2	0,1

Mozzarella mit Oliven gefüllt

Zutaten
2 Portionen

2 Mozzarella (je 125 g)
2 Scheiben Frühstücks-
speck (gesamt ca. 50 g)
10 schwarze Oliven
ohne Stein (gesamt ca. 25 g)
2 kleine Tomaten
2 Rosmarinzweige
3 EL Olivenöl
1 EL Pinienkerne
Pfeffer
Salz

Backofen auf 200° vorheizen.
Das Olivenfleisch in kleine Stücke, eine Tomate in feine
Würfel schneiden, die andere Tomate vierteln.

Mozzarella abtropfen lassen und trocken tupfen. Den Käse
durch die Mitte aufschneiden und jede Hälfte leicht
salzen. Mit schwarzem Pfeffer würzen. Je eine Hälfte mit
Olivenstückchen und Tomatenwürfeln belegen. Die anderen
Käsehälften darüber legen. Mit je einem Rosmarinzweig
belegen und in eine Speckscheibe wickeln.

Auf hitzefestem Teller anrichten. Die Tomatenviertel
leicht salzen und um den Käse verteilen. Übrig gebliebene
Olivenstückchen und Tomatenwürfel darüber streuen.
Im Backofen etwa 5 – 7 Minuten überbacken.

Pinienkerne rösten und über den Käse geben.

Pro Portion	Kcal	KJ	Fett	Eiweiß	KH
Gesamt ca.	498	2080	48,4	13,1	2,7

Camembert aus dem Ofen

Backofen auf 200° vorheizen (keine Mikrowelle).
Den Käse auspacken und in die Holzschachtel legen.

Den Käse zusammen mit der Schachtel im Backofen auf mittlerem Einschub etwa 10 Minuten backen. Dabei kann sich die Schachtel verfärben, das macht aber nichts.

Die Schachtel aus dem Ofen nehmen und die obere Käsehaut kreuzweise mit einem sehr scharfen Messer einschneiden. Die Ecken aufklappen und über den Rand stülpen.

Bei 200° weitere 8 – 10 Minuten bis zur gewünschten Bräunung fertig backen, mit weißem Pfeffer würzen.
Die Tomate vierteln, auf dem Backblech mitbrutzeln lassen und zum Käse servieren.

Zusammen mit Endivien- oder Kopfsalat genießen.

Zutaten
2 Portionen

1 Weichkäse, 250 g
(z. B. Camembert, Brie,
Vacherin in Holzschachtel)
1 Tomaten
Pfeffer

Pro Portion	Kcal	KJ	Fett	Eiweiß	KH
Gesamt ca.	463	1924	41,6	21,4	0,9

Mozzarella mit Zwiebeln

Zutaten
2 Portionen

250 g Mozzarella
2 EL Olivenöl
40 g Zwiebeln
2 kleine Peperoni (Glas)
Zitronensaft
Petersilie
Pfeffer, weiß
Salz

Mozzarella abtropfen lassen und trocken tupfen. In dünne Scheiben schneiden und alle Seiten leicht salzen.
Mit einem Hauch weißem Pfeffer dezent würzen. Zwiebeln in Ringe schneiden. Peperoni in kleine Stücke schneiden und Kerne entfernen. Petersilie klein hacken.

Käse auf großem Teller verteilen, mit Zwiebelringen und Peperoni belegen. Petersilie darüber streuen, mit feinem Pfeffer und einer Prise Salz würzen. Olivenöl darüber geben und mit etwas Zitronensaft beträufeln.

Gut 10 Minuten ziehen lassen, mit Tomaten servieren.

Pro Portion	Kcal	KJ	Fett	Eiweiß	KH
Gesamt ca.	371	1544	31,8	18,9	2,4

Harzer
mit Rettichsalat

Rettich putzen, schälen und grob raspeln. Zwiebelringe schneiden. Rettich und Zwiebeln gut vermengen, mit Salz und Pfeffer würzen. Einen Esslöffel Kümmel und den Essig dazugeben und gut durchmischen. Etwa 30 Minuten ziehen lassen.

Den Harzer in Streifen schneiden, auf einem Teller anrichten und mit restlichem Kümmel bestreuen. Rettichsalat in ein Sieb schütten, leicht ausdrücken und mit 2 Esslöffeln Öl vermengen. Rettichsalat zum Käse dazugeben.

Schmeckt unglaublich gut, am besten gleich probieren!

Zutaten
2 Portionen

250 g Harzer Käse
250 g Rettich
40 g Zwiebeln
1 TL Kümmel
2 EL Essig
2 EL Öl
Pfeffer
Salz

Pro Portion	Kcal	KJ	Fett	Eiweiß	KH
Gesamt ca.	263	1097	11,3	36,3	3,8

Gemüse und Salat

Lauch gratiniert

Zutaten
2 Portionen

400 g Lauch
60 g Schinken, gekocht
5 EL Crème fraîche
3 EL Sahne
50 g geriebener Käse
(Emmentaler)
20 g Butter
Schnittlauch
Pfeffer
Salz

Den Lauch putzen und gründlich waschen. In fingerlange Stücke schneiden. Die Lauchstücke in reichlich kochendes Salzwasser geben. Bei geringer Hitze nicht zu weich kochen, nach ungefähr 10 Minuten ist das Gemüse gar. Backofen auf 200° vorheizen.

Schinken in kleine Stücke schneiden.
Crème fraîche, Sahne und geriebenen Käse zu einer cremigen Sauce verrühren, mit Salz und Pfeffer abschmecken.

Das Gemüse aus dem Kochwasser nehmen, abtropfen lassen und in eine Auflaufform legen. Die Sauce darüber geben, Schinken und Butterflöckchen darauf verteilen. Bei 200° etwa 20 Minuten leicht krustig gratinieren.

Vor dem Servieren mit Schnittlauch bestreuen.

Pro Portion	Kcal	KJ	Fett	Eiweiß	KH
Gesamt ca.	598	2501	42,8	52,2	3,8

Broccoli gratiniert

Den Broccoli waschen, gründlich putzen und in einzelne Röschen zerlegen. Die Röschen in einen Topf mit reichlich kochendem Salzwasser geben. Eine Messerspitze Natron in das Kochwasser geben, um die frische Farbe zu erhalten. Bei mittlerer Hitze etwa 8 Minuten kochen lassen. Backofen auf 180° vorheizen.

Eine Auflaufform mit Butter ausstreichen. Sahne, Eier und Käse zu einer sämigen Sauce verquirlen, mit Salz und geriebener Muskatnuss würzen.

Das Gemüse aus dem Kochwasser nehmen, abtropfen lassen und in die Auflaufform legen. Die Käsesauce darüber geben und Butterflöckchen darauf verteilen. Mit Mandelblättchen bestreuen und etwa 15 Minuten gratinieren.

Schmeckt auch als Beilage zu gebratenem Fleisch.

Zutaten
2 Portionen

300 g Broccoli
100 g Edamer, gerieben
150 ml Sahne
20 g Butter
2 Eier
1 EL Mandelblättchen
Natron
Muskatnuss
Salz

Pro Portion	Kcal	KJ	Fett	Eiweiß	KH
Gesamt ca.	663	2767	57,2	29,8	6,9

Blumenkohlgratin

Zutaten
2 Portionen

400 g Blumenkohl
100 g Crème fraîche
3 EL Sahne
50 g Gouda
20 g Butter
Zitronensaft
Muskat
Salz

Den Blumenkohl waschen, gründlich putzen und in einzelne Röschen zerlegen. Die Röschen in einen Topf mit reichlich kochendem Salzwasser geben.

Etwas Zitronensaft ins Kochwasser, damit der Blumenkohl weiß bleibt. Bei mittlerer Hitze ca. 5 Minuten kochen lassen. Backofen auf 180° vorheizen.

Crème fraîche, Sahne und geriebenen Gouda zu einer cremigen Sauce verrühren, mit Salz und frisch geriebenem Muskat dezent abschmecken.

Das Gemüse aus dem Kochwasser nehmen, abtropfen lassen und in eine Auflaufform legen. Die Käsesauce darüber geben und Butterflöckchen darauf verteilen.

Bei 200° auf mittlerem Einschub etwa 15 Minuten leicht krustig gratinieren.

Pro Portion	Kcal	KJ	Fett	Eiweiß	KH
Gesamt ca.	343	1434	31,6	12,0	5,9

Aubergine gefüllt

Mozzarella und Tomate in dünne Scheiben schneiden.
Aus der Aubergine der Länge nach mit der Aufschnittmaschine acht dünne Scheiben schneiden.

Auberginescheiben in heißem Salzwasser 2 Minuten
kochen lassen, herausnehmen, abtropfen lassen und mit
Küchenkrepp trocken tupfen.

Jeweils 2 Scheiben kreuzweise übereinander legen, mit
Mozzarella und Tomatenscheiben belegen. Mit Salz und
Pfeffer würzen und zu kleinen Päckchen zusammenlegen.

Olivenöl in einer Pfanne erhitzen und die Päckchen auf
beiden Seiten langsam anbraten, bis sie goldbraun
gebrutzelt sind.

Pinienkerne ohne Fett rösten und darüber streuen.
Mit frischem Basilikum dekorieren.

Zutaten
2 Portionen

1 Aubergine
(ca. 400 g)
125 g Mozzarella
1 Tomate
Basilikum-Blätter
1 EL Pinienkerne
2 EL Olivenöl
Pfeffer
Salz

Pro Portion	Kcal	KJ	Fett	Eiweiß	KH
Gesamt ca.	297	1239	24,1	12,9	7,1

Spinat-Gnocchi mit Parmesan

Zutaten
2 Portionen

400 g Blattspinat
175 g Ricotta
40 g Parmesan
20 g Butter
2 EL Mehl
1 Ei
Muskat
Pfeffer
Salz

Spinat putzen und gründlich waschen. In einen großen Topf mit kochendem Salzwasser geben, etwa 3 Minuten kochen. Spinat aus dem Sud nehmen, kalt abbrausen, ausdrücken und im Wolf fein hacken.
(Sie können auch tiefgekühlten Blattspinat verwenden.)
Spinat, Ricotta, frisch geriebenen Parmesan, Mehl und Ei zu einem Teig vermengen. Mit Salz, Pfeffer und frisch geriebenem Muskat abschmecken.

Mit 2 Esslöffeln kleine Klößchen aus dem Teig formen und behutsam in heißes Salzwasser geben. Etwa 2 Minuten ziehen lassen. Wenn sie nach oben gestiegen sind, mit einem Schaumlöffel aus dem Kochwasser herausnehmen und auf vorgewärmtem Teller anrichten.

Löffelweise etwas zerlassene heiße Butter darüber geben und frischen Parmesan darüber hobeln.

Pro Portion	Kcal	KJ	Fett	Eiweiß	KH
Gesamt ca.	349	1457	25,3	20,9	9,5

Blattspinat mit Quark-Nockerln

Spinat putzen und gründlich waschen. In einen großen Topf mit kochendem Salzwasser geben, etwa 3 Minuten kochen. Spinat aus dem Sud nehmen, kalt abbrausen und ausdrücken. (Sie können auch tiefgekühlten Blattspinat verwenden.) Spinat und Sahne in einen Topf geben, bei kleiner Hitze etwa 3 Minuten garen. Mit Salz, Pfeffer und geriebenem Muskat abschmecken, warm halten.

Quark in eine Schüssel geben, mit Parmesan, Ei, Olivenöl und Speisestärke vermengen. Mit Salz und Pfeffer würzen. Mit 2 Esslöffeln kleine Klößchen aus dem Teig formen und behutsam in heißes Salzwasser geben. Etwa 8 Minuten ziehen lassen und mit einem Schaumlöffel herausnehmen. Auf vorgewärmtem Teller anrichten und Nockerl darauf legen.

Die zerlassene heiße Butter löffelweise darüber geben, mit Schnittlauch und einem Hauch Paprika bestreuen.

Zutaten
2 Portionen

280 g Blattspinat
250 g Magerquark
40 g Parmesan
2 EL Speisestärke
2 TL Olivenöl
3 EL Sahne
20 g Butter
1 Ei
Pfeffer
Salz

Pro Portion	Kcal	KJ	Fett	Eiweiß	KH
Gesamt ca.	526	2194	43,2	27,0	8,9

121

Lauch mit Speck

Zutaten 2 Portionen: 400 g Lauch, 50 g Speck, 3 EL Olivenöl, 2 EL Weinessig, Petersilie, Pfeffer, Salz

Zubereitung: Lauch waschen, putzen und in etwa 4 cm lange Stücke schneiden. In reichlich Salzwasser etwa 20 Min. kochen. Speck in dünne Streifen schneiden und glasig braten. Lauwarmen Lauch, Speck, klein gehackte Petersilie, Olivenöl und Essig vermengen, mit etwas Salz und Pfeffer würzen.

Pro Portion	Kcal	KJ	Fett	Eiweiß	KH
Gesamt ca.	336	1408	31	7,5	6,4

Chicorée gratiniert

Zutaten 2 Portionen: 400 g Chicorée, 100 g gekochter Schinken, 100 g geriebener Emmentaler, 4 EL Sahne, Pfeffer, Salz

Zubereitung: Chicorée waschen, halbieren, Strunk ausschneiden. In kochendem Salzwasser 5 Min. blanchieren. Chicorée in eine Auflaufform geben. Schinken in Streifen schneiden, auf den Chicorée legen. Käse und Sahne darüber geben, salzen, pfeffern und im Ofen bei 200° 10 Min. gratinieren.

Pro Portion	Kcal	KJ	Fett	Eiweiß	KH
Gesamt ca.	342	1426	23,5	27,2	5,6

Ratatouille mediterrane Art

Zutaten 2 Portionen: 80 g Zwiebeln, 5 EL Olivenöl, 100 g Paprika, 100 g Tomaten, 100 g Aubergine, 100 g Zucchini, 1 Knoblauchzehe, 100 ml Gemüsebrühe, Petersilie, Thymian, Pfeffer, Salz

Zubereitung: Alles Gemüse waschen, putzen, klein schneiden. Zwiebeln und Knoblauch würfeln, kurz in Olivenöl braten. Gemüse hinzufügen, mit Gemüsebrühe ablöschen, würzen und etwa 7 Min. dünsten. Mit gehackten Kräutern bestreuen.

Pro Portion	Kcal	KJ	Fett	Eiweiß	KH
Gesamt ca.	231	970	20,7	3,2	7,9

Paprika gegrillt mit Sardellen

Zutaten 2 Portionen: 200 g gelbe Paprika, 125 g Tomaten, 2 Knoblauchzehen, 50 g Sardellen, 3 EL Olivenöl, 20 g Butter, Petersilie, Salz

Zubereitung: Paprika waschen, vierteln. Sardellen und Knoblauch klein schneiden. Jede Paprika mit Tomatenscheibe, Knoblauch, Sardellen und einem Butterstückchen belegen. In eine Auflaufform geben, mit Olivenöl beträufeln, salzen und ca. 30 Min. im Ofen garen. Petersilie darüber streuen.

Pro Portion	Kcal	KJ	Fett	Eiweiß	KH
Gesamt ca.	289	1212	28,1	7,9	4,8

Tomaten mit Mozzarella

Zutaten 2 Portionen: 300 g Tomaten, 150 g Mozzarella, 2 EL Olivenöl, 2 EL Balsamico, Pfeffer, Salz

Zubereitung: Tomaten waschen und in Scheiben schneiden. Mozzarella aus der Lake nehmen, abtropfen lassen und trocken tupfen. In Scheiben schneiden und zusammen mit den Tomaten auf einem Teller anrichten. Mit einem Löffel Öl und Balsamico darüber geben, mit Salz und Pfeffer würzen und einige Minuten ziehen lassen.

Pro Portion	Kcal	KJ	Fett	Eiweiß	KH
Gesamt ca.	281	1170	22,6	14,5	4,6

Fenchelsalat mit Parmaschinken

Zutaten 2 Portionen: 120 g Parmaschinken, 1 Karotte 200 g Fenchel, 4 Blatt Kopfsalat, 2 El Essig, 3 EL Olivenöl, 2 EL Mandelstifte, Pfeffer, Salz

Zubereitung: Gemüse und Salat waschen und putzen. Fenchel und Karotte in dünne Scheiben schneiden. Salat grob zerpflücken. Fenchel, Karotten und Salatblätter mit Öl und Essig mischen, würzen. Salat und Schinken auf Teller anrichten, mit Mandelstiften garnieren.

Pro Portion	Kcal	KJ	Fett	Eiweiß	KH
Gesamt ca.	369	1542	29,7	20,5	4,9

Chinakohl mit Melone

Zutaten 2 Portionen: 1 Honigmelone (davon 120 g Fruchtfleisch), 150 g Chinakohl, 150 g Spargel, 4 Oliven, 50 g Salami, 3 EL Olivenöl, 2 EL Weinessig, Pfeffer, Salz

Zubereitung: Melone halbieren, entkernen und Fruchtfleisch herauslösen. Melonenfleisch und Spargel in Stücke, Chinakohl und Salami in feine Streifen schneiden. Alle Zutaten gut mischen, mit Salz und Pfeffer würzen und in der Melonenschale anrichten.

Pro Portion	Kcal	KJ	Fett	Eiweiß	KH
Gesamt ca.	287	1202	22,6	11,2	9,2

Tomatensalat mit Fetakäse

Zutaten 2 Portionen: 250 g Tomaten, 100 g Fetakäse, 20 g Parmesan, 30 g schwarze Oliven, 3 EL Olivenöl, 2 EL Balsamico, Basilikum, Oregano, Pfeffer, Salz

Zubereitung: Tomaten und Fetakäse klein schneiden. Mit Oliven, Balsamico und Olivenöl vermengen, mit Salz und Pfeffer abschmecken. Frisches Basilikum und Oregano dazu geben, den Parmesan in dünnen Scheiben darüber hobeln und einige Minuten ziehen lassen.

Pro Portion	Kcal	KJ	Fett	Eiweiß	KH
Gesamt ca.	337	1405	28,0	16,6	4,6

Blumenkohl

Zutaten 2 Portionen: 300 g Blumenkohl, 30 g Butter, Zitronensaft, Salz

Zubereitung: Den Blumenkohl waschen, gründlich putzen und in einzelne Röschen zerlegen. Die Röschen in einen Topf mit reichlich kochendem Salzwasser geben. Etwas Zitronensaft ins Kochwasser, damit der Blumenkohl weiß bleibt. Gut 10 Min. garen. Mit einem Schaumlöffel herausnehmen, anrichten und zerlassene Butter darüber geben.

Pro Portion	Kcal	KJ	Fett	Eiweiß	KH
Gesamt ca.	146	611	12,9	3,7	3,0

Grüne Bohnen

Zutaten 2 Portionen: 300 g grüne Bohnen, Bohnenkraut, 30 g Butter, weißer Pfeffer, Salz

Zubereitung: Bohnen putzen, abfädeln, gründlich waschen und die Enden abschneiden. Die Bohnen in einen Topf mit reichlich kochendem Salzwasser geben. Eine Prise Bohnenkraut ins Kochwasser und etwa 20 Min. kochen. Abtropfen lassen und in zerlassener Butter schwenken. Mit weißem Pfeffer würzen.

Pro Portion	Kcal	KJ	Fett	Eiweiß	KH
Gesamt ca.	161	674	12,8	3,7	5,9

Broccoli

Zutaten 2 Portionen: 300 g Broccoli, 30 g Zwiebeln, 1 EL Olivenöl, weißer Pfeffer, Salz

Zubereitung: Den Broccoli waschen, gründlich putzen und in einzelne Röschen zerlegen. Die Röschen in einen Topf mit reichlich kochendem Salzwasser geben. Etwa 5 – 8 Min. kernig weich kochen und aus dem Sud nehmen. Gehackte Zwiebel in Olivenöl glasig dünsten und die Röschen darin schwenken. Mit weißem Pfeffer würzen.

Pro Portion	Kcal	KJ	Fett	Eiweiß	KH
Gesamt ca.	79	330	4,3	5,1	4,5

Champignon

Zutaten 2 Portionen: 250 g frische Champignons, 30 g Zwiebeln, 30 g Butter, Pfeffer, Salz

Zubereitung: Frische Champignons gründlich putzen, nicht waschen und Anschnitte abschneiden. Champignons in dünne Scheiben, Zwiebel in feine Ringe schneiden. Zwiebelringe in Butter leicht glasig dünsten. Champignons dazugeben und etwa 15 Min. dünsten. Mit Salz und einem Hauch weißem Pfeffer würzen.

Pro Portion	Kcal	KJ	Fett	Eiweiß	KH
Gesamt ca.	144	606	12,9	5,4	1,5

Karotten

Zutaten 2 Portionen: 300 g Karotten, 30 g Zwiebeln, 30 g Butter, 125 ml Gemüsebrühe, Süßstoff, Pfeffer, Salz

Zubereitung: Karotten waschen, gründlich abbürsten oder schälen. In dünne Scheiben schneiden. Gehackte Zwiebeln und Karotten in Butter dünsten. Mit Gemüsebrühe aufgießen und zugedeckt etwa 20 Min. weich dünsten. Mit einem Hauch weißem Pfeffer und etwas flüssigem Süßstoff abschmecken.

Pro Portion	Kcal	KJ	Fett	Eiweiß	KH
Gesamt ca.	155	650	12,9	2,0	7,9

Kohlrabi gebraten

Zutaten 2 Portionen: 400 g Kohlrabi, 30 g Butter, 3 EL Olivenöl, Pfeffer, Salz

Zubereitung: Den Kohlrabi waschen und schälen, bis alle fasrigen, holzige Teile entfernt sind. In Würfel schneiden. Butter und Olivenöl in einer Pfanne erhitzen, Kohlrabi darin anbraten, salzen und etwa 10 Min. bei mittlerer Hitze wie Bratkartoffeln braten (schmeckt auch so ähnlich). Mit einem Hauch weißem Pfeffer würzen.

Pro Portion	Kcal	KJ	Fett	Eiweiß	KH
Gesamt ca.	268	1124	24,6	4,1	7,4

Paprika

Zutaten 2 Portionen: 400 g Paprikaschoten, 3 EL Olivenöl, 30 g Zwiebeln, 1 Knoblauchzehe, Pfeffer, Salz

Zubereitung: Paprikaschoten waschen, halbieren und Kerne entfernen. Paprika in Streifen schneiden, Zwiebeln und Knoblauch fein würfeln. In einer Pfanne Olivenöl erhitzen, Zwiebeln und Knoblauch darin glasig dünsten. Geschnittene Paprika dazugeben, mit Salz und Pfeffer würzen, etwa 15 Min. dünsten.

Pro Portion	Kcal	KJ	Fett	Eiweiß	KH
Gesamt ca.	153	644	12,6	2,7	7,0

Rosenkohl

Zutaten 2 Portionen: 300 g Rosenkohl, 30 g Butter, Salz

Zubereitung: Frischen Rosenkohl gründlich putzen, waschen und Anschnitte abschneiden. Röschen in einen Topf geben und Wasser einfüllen, bis diese knapp mit Wasser bedeckt sind. Salzen und etwa 15 – 20 Min. kochen. Abtropfen lassen. Anrichten und mit zerlassener Butter übergießen. Lecker schmeckt's, wenn Sie etwa 10 g Sesamsaat in der Butter rösten.

Pro Portion	Kcal	KJ	Fett	Eiweiß	KH
Gesamt ca.	167	699	12,9	6,9	5,0

Rote-Bete

Zutaten 2 Portionen: 200 g Rote–Bete, 30 g Zwiebeln, 2 El Olivenöl, 2 EL Essig, 2 EL Wasser, 1 Lorbeerblatt, 1 Nelke, Pfeffer, Salz

Zubereitung: Küchenfertige Rote–Bete abwaschen, schälen und in Scheiben schneiden. Zwiebel in Ringe schneiden und unter die Rüben mengen. Aus Essig, Wasser und Öl eine Marinade herstellen und über die Rüben gießen. Mit Lorbeer, Nelke, Salz und Pfeffer würzen. Gut 1 Stunde ziehen lassen.

Pro Portion	Kcal	KJ	Fett	Eiweiß	KH
Gesamt ca.	140	588	10,3	2,5	9,2

Rotkraut

Zutaten 2 Portionen: 400 g Rotkraut, 30 g Butterschmalz, 50 g Zwiebeln, 5 EL Rotwein, 2 EL Essig, 1 Lorbeerblatt, 1 Nelke, Kümmel, Salz, etwas Süßstoff

Zubereitung: Rotkraut waschen, vierteln, Strunk entfernen und klein hobeln. Zwiebel in Butterschmalz glasig dünsten, Rotkraut dazugeben, Essig und 125 ml Wasser darüber gießen. Salz und Gewürze dazugeben. 30 – 40 Minuten dünsten. Mit Rotwein abschmecken.

Pro Portion	Kcal	KJ	Fett	Eiweiß	KH
Gesamt ca.	159	666	12,5	3,3	6,0

Sauerkraut

Zutaten 2 Portionen: 400 g Sauerkraut (Dose), 30 g Butterschmalz, 30 g Zwiebeln, 50 ml Weißwein, 3 Wacholderbeeren, 1 Knoblauchzehe, 1 TL Kümmel, 1 Lorbeerblatt, Salz

Zubereitung: Butterschmalz erhitzen, gehackte Zwiebeln und Knoblauch andünsten. Kraut auflockern, Lorbeerblatt, Kümmel und Wacholderbeeren dazugeben, 10 Min. dünsten. Wein und 100 ml Wasser aufgießen, salzen, zugedeckt etwa 20 – 30 Min. garen.

Pro Portion	Kcal	KJ	Fett	Eiweiß	KH
Gesamt ca.	195	819	15,6	3,5	3,8

Blattspinat

Zutaten 2 Portionen: 280 g Blattspinat (tiefgefroren), 50 ml Sahne, 20 g Butter, Muskat, Salz

Zubereitung: Tiefgefrorenen Blattspinat auftauen, gut abtropfen lassen und etwas ausdrücken. In einem Topf Butter erhitzen. Blattspinat dazugeben, Sahne dazugießen, gut vermischen und zugedeckt etwa 10 Min. leise köcheln lassen. Salzen und dezent mit einer Prise frisch geriebenem Muskat würzen.

Pro Portion	Kcal	KJ	Fett	Eiweiß	KH
Gesamt ca.	172	721	16,7	3,9	1,6

Wirsing

Zutaten 2 Portionen: 400 g Wirsing, 20 g Butter, 30 g Zwiebeln, 80 ml Sahne, 1 TL Natron, Muskat, Salz

Zubereitung: Blätter abtrennen und waschen. Großen Topf mit reichlich Wasser füllen, Natron und Salz dazugeben. Blätter 20 Min. weichkochen. Abtropfen lassen, ausdrücken und durch den Wolf drehen. Zwiebel in Butter glasig dünsten, Wirsing dazugeben, ständig rühren, 5 Min. dünsten. Mit Sahne verfeinern, mit Salz und Muskat abschmecken.

Pro Portion	Kcal	KJ	Fett	Eiweiß	KH
Gesamt ca.	253	1059	21,8	7,2	6,9

Zucchini

Zutaten 2 Portionen: 400 g Zucchini, 3 EL Olivenöl, 50 g Zwiebeln, 1 Knoblauchzehe, Pfeffer, Salz

Zubereitung: Zucchini waschen und in Scheiben schneiden. Klein geschnittene Zwiebeln und Knoblauchzehe in heißem Olivenöl glasig dünsten. Die Zucchinischeiben dazugeben, leicht salzen. Zugedeckt ca. 15 Min. weich dünsten. Wenn notwendig, etwas Wasser nachgießen. Pikant mit frisch gemahlenem Pfeffer würzen.

Pro Portion	Kcal	KJ	Fett	Eiweiß	KH
Gesamt ca.	156	656	12,8	3,7	6,5

Zuckerschoten

Zutaten 2 Portionen: 150 g Zuckerschoten, 10 g Butter, Salz

Zubereitung: Zuckererbsen, Zuckerschoten oder Kaiserschote genannt, sind junge, unreif geerntete Erbsen. Unter kaltem Wasser waschen. Die Faser, die über der Naht der Hülse verläuft, entfernen, beide Enden abschneiden. Kurz in wenig Salzwasser garen. Sie sind gar, wenn sie einen schönen Biss haben. Abtropfen lassen und in heißer Butter schwenken.

Pro Portion	Kcal	KJ	Fett	Eiweiß	KH
Gesamt ca.	99	415	4,5	5,0	9,2

Tomaten gegrillt

Zutaten 2 Portionen: 4 – 5 Tomaten (ca. 320 g), 3 EL Olivenöl, Pfeffer, Salz

Zubereitung: Tomaten waschen, Stielansätze ausschneiden und kreuzweise einschneiden. Den Backofen auf 220° aufheizen. Die Tomaten in eine kleine Auflaufform stellen und mit Olivenöl beträufeln. Auf mittlerer Schiene etwa 20 – 30 Min. grillen. Salzen und mit einer Prise frisch gemahlenem schwarzen Pfeffer würzen.

Pro Portion	Kcal	KJ	Fett	Eiweiß	KH
Gesamt ca.	134	564	12,3	1,6	4,2

Gurkensalat

Zutaten 2 Portionen: 1 Salatgurke (ca. 350 g), 30 g Zwiebeln, 2 EL Olivenöl, 2 EL Weinessig, 2 EL Sauerrahm, 1 TL Senf, Pfeffer, Salz

Zubereitung: Die Gurke schälen und sehr fein hobeln, ordentlich salzen. Zwiebel winzig klein würfeln und mit den Gurken vermengen. Aus Senf, Essig, Öl und Sauerrahm eine Marinade herstellen. Über die Gurken geben, gut vermischen, mit Pfeffer und Salz würzen, ziehen lassen.

Pro Portion	Kcal	KJ	Fett	Eiweiß	KH
Gesamt ca.	229	957	21,8	3,8	4,5

Kopfsalat

Zutaten 2 Portionen: 1 Kopfsalat (ca. 240 g), 3 EL Olivenöl, 2 EL Weinessig, Salz

Zubereitung: Salat putzen, die äußeren harten Blätter entfernen. Blätter auf mundgerechte Größe zupfen. Sorgfältig waschen, gut im Sieb abtropfen lassen oder in einer Salatschleuder schleudern. Aus Essig, Öl und Salz eine Marinade herstellen. Kurz vor dem Servieren über den Salat geben und gut vermischen.

Pro Portion	Kcal	KJ	Fett	Eiweiß	KH
Gesamt ca.	145	608	14,4	2,4	1,4

Krautsalat

Zutaten 2 Portionen: 300 g Weißkraut, 30 g Räucherspeck, 30 g Zwiebeln, 3 EL Olivenöl, 3 EL Essig, Kümmel, Pfeffer, Salz

Zubereitung: Kraut putzen, vierteln, Strunk entfernen, waschen, fein hobeln. Etwa 1 Min. in heißem Wasser blanchieren, in ein Sieb geben, mit kaltem Wasser abschrecken. Mit gehackten Zwiebeln, Kümmel, Pfeffer, Essig marinieren, salzen. Gut durchkneten, ziehen lassen. Speck klein schneiden, kross braten, unter Salat mischen.

Pro Portion	Kcal	KJ	Fett	Eiweiß	KH
Gesamt ca.	275	1150	25,4	4,8	6,8

Champignonsalat

Zutaten 2 Portionen: 250 g Champignons, 1 Knoblauchzehe, 1/2 Bund glatte Petersilie, 3 EL Olivenöl, 2 EL Weißweinessig, Pfeffer, Salz

Zubereitung: Champignons putzen, in feine Scheiben schneiden und auf Teller anrichten. Mit Salz und Pfeffer würzen. Knoblauchzehen und Petersilie klein hacken, über die Pilze streuen. Aus Essig und Olivenöl eine Marinade herstellen, mit einem Löffel über die Pilze geben.

Pro Portion	Kcal	KJ	Fett	Eiweiß	KH
Gesamt ca.	164	687	14,6	6,3	1,8

Chicorée nach spanischer Bauernart

Zutaten 2 Portionen: 300 g Chicorée, 3 EL Olivenöl, 2 TL Zitronensaft, Pfeffer, Salz

Zubereitung: Anschnitte abschneiden, Blätter einzeln abtrennen, nur waschen, wenn wirklich notwendig. Auf großen Tellern anrichten. Salzen, weißen und schwarzen Pfeffer grob darüber mahlen. Mit Olivenöl und ein paar Tropfen Zitronensaft beträufeln.

Pro Portion	Kcal	KJ	Fett	Eiweiß	KH
Gesamt ca.	133	560	12,3	3,0	3,7

Spargel

Zutaten 2 Portionen: 400 g grüner Spargel, 50 g Butter, Zucker, Salz

Zubereitung: Spargel waschen, Anschnitte abschneiden, nicht schälen. Vor dem Kochen auf gleiche Länge schneiden. In einem großen Topf reichlich Wasser erhitzen, Salz und eine Prise Zucker einstreuen. Zugedeckt etwa 20 Min. weich kochen. Vorsichtig aus dem Sud nehmen, abtropfen lassen, anrichten und mit zerlassener Butter übergießen.

Pro Portion	Kcal	KJ	Fett	Eiweiß	KH
Gesamt ca.	224	939	21,2	4,0	4,4

Tomatensalat

Zutaten 2 Portionen: 300 g Tomaten, 30 g Zwiebeln, 3 EL Olivenöl, 2 EL Balsamico, Pfeffer, Maggi, Salz

Zubereitung: Tomaten waschen, Stielansätze ausschneiden, achteln. Zwiebel in feine Ringe schneiden. Tomaten mit Zwiebelringen mischen. Aus Balsamico und Olivenöl eine Marinade herstellen. Über die Tomaten geben, gut vermischen, mit Salz, Pfeffer und ein paar Tropfen Maggi würzen, ziehen lassen.

Pro Portion	Kcal	KJ	Fett	Eiweiß	KH
Gesamt ca.	146	614	12,5	3,6	4,7

Endiviensalat

Zutaten 2 Portionen: 200 g Endivien, 3 EL Olivenöl, 3 EL Weinessig, 1 Knoblauchzehe, Pfeffer, Salz

Zubereitung: Endivien putzen, Anschnitt abschneiden. Die äußeren harten Blätter entfernen. Sorgfältig waschen, gut im Sieb abtropfen und in schmale Streifen schneiden. Mit klein gewürfeltem Knoblauch mischen. Aus Essig, Öl und Salz eine Marinade herstellen. Über den Salat geben und gut vermengen.

Pro Portion	Kcal	KJ	Fett	Eiweiß	KH
Gesamt ca.	163	684	15,5	3,6	2,1

Dessert

Johannisbeergrütze

Zutaten
2 Portionen

120 g rote Johannisbeeren
1 Blatt rote Gelatine
20 g Sago
Zitronenmelisse
Zitronensaft
Süßstoff

Gelatine etwa 5 Minuten in kaltem Wasser einweichen. In einem kleinen Topf 300 ml Wasser erhitzen.

Die Johannisbeeren in das kochende Wasser geben, kurz aufkochen lassen, Sago einrühren und bei mittlerer Hitze köcheln, bis das Sago gequollen und glasig geworden ist.

Die aufgeweichte Gelatine ausdrücken und zu den Früchten geben. Umrühren und schwach kochen lassen, bis sich die Gelatine aufgelöst hat. Mit flüssigem Süßstoff und etwas Zitronensaft abschmecken. In Schälchen füllen, und etwa eine Stunde kalt stellen. Vor dem Servieren mit einem Blatt Zitronenmelisse dekorieren.

Einen Klacks Schlagsahne dazu: eine fruchtige Leckerei.

Pro Portion	Kcal	KJ	Fett	Eiweiß	KH
Gesamt ca.	26	108	0,1	2,1	3,0

Heidelbeersorbet

Heidelbeeren zusammen mit dem Joghurt im Mixer oder mit einem Pürierstab pürieren.

Mit einem spitzen Messer die Vanilleschote der Länge nach aufschlitzen und das Mark vorsichtig herausschaben. Gekühlte Sahne in einen Becher füllen, Vanillemark und zwei Spritzer Süßstoff dazugeben und langsam steif schlagen.

Fruchtpüree mit der Sahne behutsam verrühren, in eine Eismaschine geben, frosten, bis es cremig halbgefroren ist. Keine Eismaschine – kein Problem! Die Fruchtmasse in flache Gefrierschalen füllen und im Gefrierfach etwa 1,5 – 2 Stunden gefrieren lassen.

Mit Früchten und Schlagsahne dekorieren.

Zutaten
2 Portionen

100 g Heidelbeeren
100 g Vollmilch-Joghurt
100 ml Sahne
1 Vanilleschote
Süßstoff

Pro Portion	Kcal	KJ	Fett	Eiweiß	KH
Gesamt ca.	204	851	17,9	3,2	6,7

Erdbeer-Melonen-Salat

Zutaten 2 Portionen: 100 g Erdbeeren, 50 g Honigmelone, 50 g Wassermelone, 1 Limette, Zitronenmelisse, Süßstoff

Zubereitung: Melonen aufschneiden, Kerne entfernen und in Stücke schneiden. Erdbeeren waschen und vierteln. Melonen und Erdbeeren in eine Schüssel geben, mit Limettensaft beträufeln. Zitronenmelisse klein zupfen, unter die Früchte mischen. Mit flüssigem Süßstoff abschmecken und gekühlt 30 Min. ziehen lassen.

Pro Portion	Kcal	KJ	Fett	Eiweiß	KH
Gesamt ca.	49	205	0,9	0,9	8,3

Erdbeeren mit Sahne

Zutaten 2 Portionen: 250 g Erdbeeren, 100 ml Sahne, Süßstoff

Zubereitung: Die Erdbeeren waschen, abtrocknen und vierteln. Mit flüssigem Süßstoff abschmecken und gekühlt gut 30 Min. ziehen lassen. Die Sahne steif schlagen und mit etwas flüssigem Süßstoff abschmecken. Wenn die Erdbeeren Saft gezogen haben, auf einem Dessertteller anrichten und mit einem großen Klacks Sahne servieren.

Pro Portion	Kcal	KJ	Fett	Eiweiß	KH
Gesamt ca.	196	819	16,4	2,3	8,7

Papaya-Fruchtsalat

Zutaten 2 Portionen: 300 g Papaya, 2 Limetten, Zitronenmelisse, Süßstoff

Zubereitung: Papaya aufschneiden, mit einem Löffel Kerne entfernen und schälen. In Streifen schneiden, mit dem Saft einer Limette beträufeln und behutsam vermengen. Wenn Sie mögen, mit etwas flüssigem Süßstoff abschmecken. Im Kühlschrank ungefähr 30 Min. ziehen lassen. Eine sehr feine, erfrischende Delikatesse.

Pro Portion	Kcal	KJ	Fett	Eiweiß	KH
Gesamt ca.	38	157	1,3	1,3	4,3

Erdbeercreme

Zutaten 2 Portionen: 250 g Erdbeeren, 20 g Eiweiß, 3 Blatt Gelatine, Zitronensaft, Süßstoff

Zubereitung: Gelatine 5 Min. in kaltem Wasser einweichen, ausdrücken und in einem Topf erwärmen, bis sie aufgelöst ist. Erdbeeren waschen, mit Pürierstab pürieren und mit der Gelatine gut verrühren. Mit Süßstoff und Zitronensaft abschmecken, steifen Eischnee unter die Creme mischen. Kalt stellen, bis sie zu gelieren beginnt.

Pro Portion	Kcal	KJ	Fett	Eiweiß	KH
Gesamt ca.	55	232	0,5	4,3	7,2

Schokocreme

Zutaten 2 Portionen: 200 g Topfen, 100 ml Sahne, 3 TL Kakao, Süßstoff, 10 g Schokolade (80% Kakao)

Zubereitung: Topfen, Sahne und Kakaopulver in eine Schüssel geben und mit einem Handrührgerät cremig schlagen. Mit flüssigem Süßstoff abschmecken und in Dessertschälchen füllen. Mit gehobelter Schokolade garnieren. Nur dunkle Schokolade mit 80% Kakaoanteil verwenden. (100 g haben nur ca. 28 g Kohlenhydrate)

Pro Portion	Kcal	KJ	Fett	Eiweiß	KH
Gesamt ca.	367	1530	33,1	10,3	6,2

Moccacreme

Zutaten 2 Portionen: 200 g Topfen, 100 ml Sahne, 3 TL Instant-Kaffee, 50 g Mandarine, Süßstoff

Zubereitung: Topfen, flüssige Sahne und das Kaffeegranulat in eine Schüssel geben und mit einem Handrührgerät verrühren, bis es cremig ist. Dezent mit etwas flüssigem Süßstoff abschmecken und in Dessertschälchen füllen. Mit filetierten Mandarinenscheiben garnieren, gleich servieren und genießen.

Pro Portion	Kcal	KJ	Fett	Eiweiß	KH
Gesamt ca.	344	1435	30,4	9,7	7,1

Zimtcreme

Zutaten 2 Portionen: 200 g Topfen, 100 ml Sahne, 1 Vanilleschote, 1/2 TL Zimt, 20 g Mandelblättchen, 1 kleine Clementine, 1 Zitrone

Zubereitung: Mandelblättchen ohne Fett goldgelb rösten. Topfen, Sahne, Vanillemark, Zimt, abgeriebene Zitronenschale und Süßstoff zu einer Creme verrühren. Clementine filetieren, zusammen mit den Mandelblättchen unter die Creme rühren. In Schälchen füllen und kühl stellen.

Pro Portion	Kcal	KJ	Fett	Eiweiß	KH
Gesamt ca.	405	1686	35,9	11,6	8,2

Vanillecreme

Zutaten 2 Portionen: 15 g Vanillepuddingpulver, 150 ml Milch, 100 ml Sahne, Süßstoff

Zubereitung: Puddingpulver mit 1 EL kalter Milch glatt rühren. Milch erhitzen und das angerührte Puddingpulver hineingeben. Rühren, kurz aufkochen, Hitze reduzieren und mit Süßstoff abschmecken. Abkühlen lassen, ab und zu umrühren. Mit steifer Sahne mischen, in Schälchen füllen und mit einem Sahnehäubchen garnieren.

Pro Portion	Kcal	KJ	Fett	Eiweiß	KH
Gesamt ca.	216	904	17,0	3,8	11,7

Kirschengelee

Zutaten 2 Portionen: 150 g entsteinte, ungezuckerte Sauerkirschen (Glas), 4 Blatt rote Gelatine, 150 ml Buttermilch, Zitronensaft, Süßstoff

Zubereitung: Gelatine 5 Min. in kaltem Wasser einweichen, ausdrücken und in einem Topf erwärmen, bis sie aufgelöst ist. Kirschen abtropfen lassen, pürieren, mit Buttermilch und Gelatine verrühren. Mit Süßstoff und Zitronensaft abschmecken. In Schälchen füllen und 1 Stunde kalt stellen.

Pro Portion	Kcal	KJ	Fett	Eiweiß	KH
Gesamt ca.	91	378	0,5	4,7	15,3

Himbeercreme

Zutaten 2 Portionen: 100 g Himbeeren (frisch oder gefroren), 200 g Topfen, 50 ml Sahne, 1 TL Kirschwasser, 1 Vanilleschote, Süßstoff

Zubereitung: Topfen und Sahne in eine Schüssel geben und mit einem Handrührgerät cremig aufschlagen. Vanillemark aus der Schote schaben, mit Himbeeren, Kirschwasser und etwas Süßstoff unter die Creme rühren. In Schälchen füllen und etwa 30 Min. kalt stellen.

Pro Portion	Kcal	KJ	Fett	Eiweiß	KH
Gesamt ca.	279	1163	22,6	9,5	6,5

Kiwi gratiniert

Zutaten 2 Portionen: 4 Kiwi, 50 ml Sahne, 5 g Butter, 2 Eigelb, Vanillemark, Süßstoff

Zubereitung: Kiwis schälen, in Scheiben schneiden, in gebutterte Schälchen legen, 5 Min. in den auf 200° vorgeheizten Ofen stellen. Eigelb mit 2 EL Wasser in eine Schüssel geben, in heißem Wasserbad cremig schlagen. Schlagsahne mit Vanillemark und Süßstoff abschmecken und unter den Eischaum ziehen. Creme über Kiwis geben und 5 Min. überbacken.

Pro Portion	Kcal	KJ	Fett	Eiweiß	KH
Gesamt ca.	215	901	16,7	4,6	10,5

Heidelbeeren auf Vanilleschaum

Zutaten 2 Portionen: 150 g frische Heidelbeeren, 1 Eigelb, 50 ml Sahne, Vanillemark, Süßstoff

Zubereitung: Eigelb und 2 EL Wasser in heißem Wasserbad schaumig schlagen. Vanillemark in den Eierschaum geben, mit Schlagsahne und Süßstoff verrühren. Heidelbeeren süßen und in einem Topf erwärmen. In feuerfeste Schälchen füllen und Eierschaum darüber geben. Im vorgeheizten Ofen bei 200° etwa 5 Min. überbacken.

Pro Portion	Kcal	KJ	Fett	Eiweiß	KH
Gesamt ca.	138	579	11,2	3,1	4,9

Beeren mit Ricottacreme

Zutaten 2 Portionen: 80 g Himbeeren (frisch oder gefroren), 80 g Brombeeren (frisch oder gefroren), 150 g Ricotta, 50 ml Sahne, 1 Vanilleschote, Süßstoff

Zubereitung: Ricotta und Sahne mit einem Handrührgerät cremig aufschlagen. Vanilleschote der Länge nach aufschlitzen und Mark aus der Schote schaben. In die Creme geben und mit Süßstoff dezent abschmecken. Beeren und Creme in Dessertschalen anrichten.

Pro Portion	Kcal	KJ	Fett	Eiweiß	KH
Gesamt ca.	234	977	18,2	7,3	8,3

Zimtcreme mit Kirschen

Zutaten 2 Portionen: 120 g entsteinte, ungezuckerte Sauerkirschen (aus dem Glas), 150 g Vollmilchjoghurt, 1 TL Kirschwasser, 1 TL Zimt, Süßstoff

Zubereitung: Joghurt mit Zimt und Kirschwasser verrühren, mit Süßstoff dezent abschmecken. Kirschen in einem Sieb abtropfen lassen und auf kleine Teller geben. Die Creme löffelweise über den Kirschen verteilen. Mit einer Prise Zimt bestreuen und gleich servieren.

Pro Portion	Kcal	KJ	Fett	Eiweiß	KH
Gesamt ca.	73	304	2,8	2,9	7,2

Kirscheis

Zutaten 2 Portionen: 100 g entsteinte, ungezuckerte Sauerkirschen (Glas), 100 g Vollmilchjoghurt, 100 ml Sahne, Süßstoff

Zubereitung: Sauerkirschen zusammen mit 100 ml Kirschsaft im Mixer pürieren und mit Joghurt vermischen. Sahne steif schlagen und behutsam mit dem Fruchtpüree verrühren. Mit Süßstoff und Vanillemark abschmecken und in kleine Gläser füllen. Im Gefrierfach etwa 2 Stunden frosten.

Pro Portion	Kcal	KJ	Fett	Eiweiß	KH
Gesamt ca.	202	844	17,8	3,2	6,8

Limetteneis

Zutaten 2 Portionen: 200 ml Sahne, 3 Eigelb, 1 Limette, Zitronenaroma, Süßstoff

Zubereitung: Eigelb schaumig rühren, Sahne steif schlagen und unter Eiercreme rühren. Den Saft einer halben Limette, etwas Zitronenaroma, flüssigen Süßstoff und fein geriebene Limettenschale dazugeben. Gut vermischen und in eine Eismaschine füllen. Oder in kleine Gläser füllen und im Gefrierfach etwa 2 Stunden frosten.

Pro Portion	Kcal	KJ	Fett	Eiweiß	KH
Gesamt ca.	419	1752	41,3	7,1	3,9

Nährwerte

Geflügel	KH je 100 g
Ente	0,0
Entenbrust (Barberie)	0,1
Gans	0,0
Huhn, Brathähnchen	0,0
Pute	0,0
Lamm und Hammelfleisch	
Brust	0,0
Filet	0,0
Keule	0,0
Kotelett	0,0
Lende	0,0
Muskelfleisch	0,0
Schnitzel	0,0
Kalbfleisch	
Brust	0,0
Filet	0,0
Haxe	0,0
Kotelett	0,0
Leber	4,0
Niere	0,8
Schnitzel	0,0
Zunge	0,9
Rindfleisch	
Corned beef	0,0
Filet	0,0
Leber	5,3
Muskelfleisch	0,0
Niere	0,9
Ochsenschwanz	0,0
Rinder Schinken (Bresaola)	0,8
Zunge	0,4
Schweinefleisch	
Eisbein	0,0
Filet	0,0
Kamm	0,0
Kasseler	0,0
Keule	0,0
Kotelett	0,0
Leber	0,5
Mett	0,0
Niere	0,8
Schnitzel	0,0
Speck	0,0
Wild	
Hase	0,0
Hirsch	0,0
Reh	0,0
Wildschwein	0,0
Wurst / Schinken	
Bresaola	1,0
Debrecziner	0,5
Frankfurter Würstchen	0,5
Lachsschinken	1,0
Parmaschinken	0,2
Prosciuto	1,0

	KH je 100 g
Rinderschinken	0,5
Salami	0,0
Schinken, gekocht	1,0
Schinkenwurst	1,0
Spianata	0,0
Weißwurst	0,7
Wienerle	1,0
See Fische	
Flunder	0,0
Goldbarsch	0,0
Heilbutt	0,0
Hering	0,0
Kabeljau Filet	0,0
Makrele	0,0
Rotbarsch	0,0
Sardine	0,0
Scholle	0,0
Seehecht	0,0
Seelachs	0,0
Seezunge	0,0
Thunfisch	0,0
Muscheln / Meerestiere	
Austern	4,7
Garnelen	0,0
Hummer	0,0
Languste	1,1
Miesmuschel	0,2
Tintenfisch	0,0
Süßwasser Fische	
Aal	0,0
Barsch	0,0
Brassen	0,0
Felchen	0,0
Forelle	0,0
Hecht	0,0
Karpfen	0,0
Lachs	0,0
Zander	0,0
Fisch Konserven	
Aal, geräuchert	0,0
Bismackhering	0,0
Brathering	0,0
Bückling	0,0
Heringsfilet in Tomatensoße	2,4
Krebsfleisch, in Dosen	0,0
Lachs in Öl	0,0
Lachs, geräuchert	0,0
Makrele, geräuchert	0,0
Ölsardinen	0,0
Salzhering	0,0
Sardellen Filet	0,0
Schillerlocken	0,0
Seeaal, geräuchert	0,0
Seelachs in Öl	0,0
Thunfisch in Öl	0,0
Thunfisch in Wasser	0,0

Käse	KH je 100 g
Appenzeller, 45% Fett i. Tr.	0,0
Bergkäse, 45% Fett i. Tr.	0,0
Bleu d'Auvergne, 50% Fett i. Tr.	0,0
Bleu de Bresse, 50% Fett i. Tr.	0,0
Brie, 50% Fett i. Tr.	0,0
Camembert, 45% Fett i. Tr.	0,0
Camembert, 60% Fett i. Tr.	0,0
Caverna, 50% Fett i. Tr.	1,0
Comte (President)	0,0
Edamer, 30% Fett i. Tr.	0,7
Edamer, 45% Fett i. Tr.	1,0
Emmentaler, 45% Fett i. Tr.	0,5
Esrom, 45% Fett i. Tr.	1,0
Feta (dänisch)	1,0
Frischkäse mit Kräuter (Mibel)	3,0
Fromage blanc (Bibileskäse)	3,7
Fruchtquark, 20% Fett i. Tr.	15,2
Gorgonzola	0,0
Gouda, 40% Fett i. Tr.	0,0
Gruyère, 45% Fett i. Tr.	0,0
Harzer, Handkäse	0,0
Körniger Frischkäse	0,0
Leerdamer, 45% Fett i. Tr.	0,0
Limburger, 20% Fett i. Tr.	0,0
Limburger, 40% Fett i. Tr.	0,0
Lindenberger, 30% Fett i. Tr.	0,0
Lindenberger, 45% Fett i. Tr.	0,0
Maasdam, 45% Fett i. Tr.	0,0
Maaslander, 50% Fett i. Tr.	0,0
Mascarpone (Galbani)	4,0
Mozzarella (Cucina)	1,5
Parmesan, 32% Fett i. Tr.	0,0
Ricotta (Santa Lucia)	3,6
Romadur, 30% Fett i. Tr.	0,0
Schmelzkäse, 30% Fett i. Tr.	5,7
Schnittkäse (Roi de Treffle)	2,0
Speisequark, mager	4,0
Speisequark, 20% Fett i. Tr.	3,4
Topfen, bayr. Speisequark	2,9
Ziegen-Schnittkäse, (Jagibo)	0,0
Ziegen-Weichkäse, 45% Fett i. Tr.	0,0
Milchprodukte / Sahne	
Joghurt	4,3
Milch	4,9
Sahne	3,3
Schmand	3,4
Gemüse	
Aubergine	2,5
Avocado	6,2
Bleichsellerie	2,2
Blumenkohl	2,3
Bohnen, grün/frisch	5,1
Broccoli	2,5
Champignon, Dose	0,5
Champignon, frisch	0,6

Nährwerte

	KH je 100 g
Chicorée	2,3
Chinakohl	1,2
Eisbergsalat	1,9
Endivien	1,1
Erbsen	10,6
Essiggurke	2,5
Feldsalat	0,7
Fenchel	2,8
Frühlingszwiebeln	3,0
Grünkohl	2,5
Gurken	1,8
Ingwer	11,0
Karotten	4,8
Kartoffel	14,9
Knoblauch	28,4
Kohlrabi	3,7
Kopfsalat	1,1
Lauch	3,2
Mangold	0,7
Morcheln	0,5
Mungosrossen	4,7
Paprika	2,9
Pepperoni (Glas)	2,5
Petersilie	7,3
Pfeffer, grün / Glas	2,2
Pfifferlinge	0,2
Pfifferlinge in Dosen	0,2
Radicchio	1,5
Radieschen	2,0
Rettich	1,9
Rhabarber	1,4
Rosenkohl	3,3
Rote Bete	8,4
Rotkraut	3,2
Ruccola	2,1
Sauerkraut	0,8
Schnittlauch	1,6

	KH je 100 g
Sellerie	2,3
Sojasprossen	4,7
Spargel	2,2
Spargel in Dosen	1,0
Spinat	0,6
Spinat, tiefgefroren	0,5
Steinpilz	0,5
Steinpilz, getrocknet	4,1
Tomate	2,6
Weißkohl	4,2
Wirsing	2,4
Zucchini	2,2
Zwiebel	4,9
Obst	
Ananas frisch	12,5
Apfel	11,6
Bananen	22,1
Birne	12,4
Brombeeren	6,1
Crapefruit	7,4
Erdbeeren	5,6
Heidelbeeren	6,0
Heidelbeeren, tiefgefroren	19,0
Himbeeren	4,7
Honigmelone	12,2
Johannisbeeren	5,0
Kirschen frisch	13,3
Kiwi	9,1
Limette	1,9
Mandarine	10,1
Mango	12,6
Melone (Wassermelone)	5,2
Oliven grün	1,9
Oliven schwarz	4,8
Orangen	8,3
Papaya	2,3
Pfirsich	9,3

	KH je 100 g
Schattenmorellen (Glas)	6,3
Trauben, grün	15,1
Wassermelone	8,3
Zitrone	3,3
Zitronensaft	2,3
Nüsse / Kerne	
Cashew Nuss	30,5
Erdnüsse	7,1
Haselnuss	11,4
Kürbiskerne	2,2
Macadamia	3,9
Mandeln	3,6
Mandeln, geröstet / gesalzen	9,1
Paranuss	3,6
Pekanuss	4,4
Pinienkerne	20,0
Walnüsse	12,0
Brot / Backwaren	
Brezel	46,4
Knäckebrot	64,2
Salzstangen	78,4
Toastbrot	52,0
Vollkornbrot	38,2
Weißbrot	50,5
Verschiedenes	
Bindemittel, pflanzlich	0,0
Essig	0,7
Gemüsebrühe (Instant)	0,0
Paniermehl	69,0
Rinderbrühe (Instant)	0,6
Senf	0,5

Nährwerte unterliegen Schwankungen, bitte achten Sie auf die Angaben der Hersteller.

Notizen

Register nach Kapiteln

Frühstück und Lunch

Rinderschinken mit Ruccola	12	Russische Eier	19	Salami	22
Parmaschinken mit Melone	13	Lachs mit Ei	19	Debreziner	22
Tomaten mit Pfeffercreme	14	Rindfleischsalat	20	Käse-Schinken-Grillwurst	22
Avocado mit Kräutercreme	15	Schinkenröllchen mit Spargel	20	Weißwurst	22
Lachscarpaccio	16	Wurstsalat Straßburger Art	20	Wurstaufschnitt	23
Frutti di Mare	17	Schwartenmagen in Vinaigrette	20	Rindfleischcarpaccio	23
Eieromelett mit Champignon	18	Heringstöpfchen	21	Emmentaler Salat	23
Pochierte Eier mit Tomaten	18	Forellenfilet mit Meerrettichsahne	21	Emmentaler	23
Gefüllte Eier	18	Heringsröllchen auf Ruccola	21	Bündnerfleisch	23
Eiersalat	18	Thunfischsalat	21	Schinken gekocht	23
Dänisches Omelett mit Bacon	19	Fleischkäse	22		
Italia Omelett mit Mozzarella	19	Schinkenspeck	22		

Suppen

Tomatensuppe	26	Karottensuppe	29	Leberspätzlesuppe	32
Zucchinisuppe	27	Eierstichsuppe	30	Klößchensuppe	33
Gulaschsuppe	28	Rindfleischsuppe	31		

Fleisch

Rinderrouladen	36	Gebackene Leber	47	Lammkarree an Zucchini	59
Omas Kalbsbrust	37	Zunge in Madeira	48	Kalbsrahmschnitzel	60
Wirsingrouladen	38	Schweinefilet an Morchelrahm	50	Kalbsschnitzel Holstein	60
Königsberger Klopse	39	Entrecote an Sauce Hollandaise	51	Rinderhacksteak mit Mozzarella	60
Kasseler mit Kraut	40	Kalbsschnitzel mit Mozzarella	52	Cevapcici	60
Ochsenbrust	42	Saltimbocca alla romana	53	Cordon bleu	61
Kalbsrouladen	43	Lammfilet mit Pinienkernen	54	Schaschlik	61
Leberspätzle	44	Rehmedaillon mit Morcheln	56	Rumpsteak mit Zwiebeln	61
Kalbsnierle	45	Wildschweinfilet an Orangen	57	Rinderfilet mit Pfeffer	61
Saure Kalbsleber	46	Lammschulter an Chicorée	58		

Geflügel

Hähnchen in Sesamkruste	64	Putenschnitzel Mozzarella	71	Hähnchenbrust mit Champignon	78
Ente Chopsuey mit Garnelen	65	Hähnchen Chopsuey	72	Entenbrust mit Broccolipüree	79
Brathähnchen auf		Hähnchen Hot Curry	73	Putenschnitzel im Käsemantel	80
Mittelmeergemüse	66	Putenschnitzel mit Camembert	74	Hähnchenbrust an Lauch	
Poularde in Parmaschinken	67	Hühnerfrikassee mit Spargel	76	und Ingwer	81
Hähnchenbrust in Parmesankruste	68	Hähnchenbrust in			
Putenschnitzel Cordon bleu	70	Gorgonzolasauce	77		

Fisch und Meeresfrüchte

Sankt Petersfisch	84	Eglifilet	93	Muscheln in Weißweinsoße	100
Goldbrasse	85	Garnelen mit Avocado	94	Muscheln mit Käse gratiniert	100
Scholle mit Pinien	86	Lachsfilet mit Garnelen	95	Rotbarschfilet paniert	101
Forelle mit Mandeln	87	Rotbarsch mit Salbeibutter	96	Lachssteak gegrillt auf	
Zander in Wein	88	Rotbarsch mit Pfifferlingen	97	Blattspinat	101
Zanderklößchen	89	Austern gratiniert	98	Kabeljau in Weißweinsoße	101
Lachs-Steak mit Ratatouille	90	Jakobsmuscheln gratiniert	100	Seeteufel an Kapern	101
Forelle blau	92	Garnelen mit Knoblauch	100		

Register nach Kapiteln

Käse

Camembert mit Kokosbirnen	104	Emmentaler in Mortadella	107	Camembert aus dem Ofen	111
Käsesalat mit Eiern und		Ziegenkäse in Mangold	108	Mozzarella mit Zwiebeln	112
Schinken	105	Schafskäse im Speckmantel	109	Harzer mit Rettichsalat	113
Ziegenkäse in Zucchini	106	Mozzarella mit Oliven gefüllt	110		

Gemüse und Salat

Lauch grantiniert	116	Tomatensalat mit Fetakäse	123	Wirsing	127
Broccoli gratiniert	117	Blumenkohl	124	Zucchini	127
Blumenkohlgratin	118	Grüne Bohnen	124	Zuckerschoten	127
Aubergine gefüllt	119	Broccoli	124	Tomaten gegrillt	127
Spinat Gnocchi mit Parmesan	120	Champignon	124	Gurkensalat	128
Blattspinat mit Quark Nockerln	121	Karotten	125	Kopfsalat	128
Lauch mit Speck	122	Kohlrabi gebraten	125	Krautsalat	128
Chicorée gratiniert	122	Paprika	125	Champignonsalat	128
Ratatouille mediterrane Art	122	Rosenkohl	125	Chicorée nach spanischer	
Paprika gegrillt mit Sardellen	122	Rote Bete	126	Bauernart	129
Tomaten mit Mozzarella	123	Rotkraut	126	Spargel	129
Fenchelsalat mit Parmaschinken	123	Sauerkraut	126	Tomatensalat	129
Chinakohl mit Melone	123	Blattspinat	126	Endiviensalat	129

Dessert

Johannisbeergrütze	132	Schokocreme	135	Kiwi gratiniert	136
Heidelbeersorbet	133	Moccacreme	135	Heidelbeeren auf Vanilleschaum	136
Erdbeer-Melonen-Salat	134	Zimtcreme	135	Beeren mit Ricottacreme	137
Erdbeeren mit Sahne	134	Vanillecreme	135	Zimtcreme mit Kirschen	137
Papaya Fruchtsalat	134	Kirschengelee	136	Kirscheis	137
Erdbeercreme	134	Himbeercreme	136	Limetteneis	137

Rezeptregister von A – Z

A

Aubergine gefüllt	119
Austern gratiniert	98
Avocado mit Kräutercreme	15

B

Beeren mit Ricottacreme	137
Blattspinat	126
Blattspinat mit Quark Nockerln	121
Blumenkohl	124
Blumenkohlgratin	118
Brathähnchen auf Mittelmeergemüse	66
Broccoli	124
Broccoli gratiniert	117
Bündnerfleisch	23

C

Camembert aus dem Ofen	111
Camembert mit Kokosbirnen	104
Cevapcici	60
Champignon	124
Champignonsalat	128
Chicorée gratiniert	122
Chicorée nach spanischer Bauernart	129
Chinakohl mit Melone	123
Cordon bleu	61

D

Dänisches Omelett mit Bacon	19
Debracziner	22

E

Eglifilet	93
Eieromelett mit Champignon	18
Eiersalat	18
Eierstichsuppe	30
Emmentaler	23
Emmentaler in Mortadella	107
Emmentaler Salat	23
Endiviensalat	129
Ente Chopsuey mit Garnelen	65
Entenbrust mit Broccolipüree	79
Entrecote an Sauce Hollandaise	51
Erdbeer-Melonen-Salat	134
Erdbeercreme	134
Erdbeeren mit Sahne	134

F

Fenchelsalat mit Parmaschinken	123
Fleischkäse	22
Forelle blau	92
Forelle mit Mandeln	87
Forellenfilet mit Meerrettichsahne	21
Frutti di Mare	17

G

Garnelen mit Avocado	94
Garnelen mit Knoblauch	100
Gebackene Leber	47
Gefüllte Eier	18
Goldbrasse	85
Grüne Bohnen	124
Gulaschsuppe	28
Gurkensalat	128

H

Hähnchen Chopsuey	72
Hähnchen Hot Curry	73
Hähnchen in Sesamkruste	64
Hähnchenbrust an Lauch und Ingwer	81
Hähnchenbrust in Gorgonzolasauce	77
Hähnchenbrust in Parmesankruste	68
Hähnchenbrust mit Champignon	78
Harzer mit Rettichsalat	113
Heidelbeeren auf Vanilleschaum	136
Heidelbeersorbet	133
Heringsröllchen auf Ruccola	21
Heringstöpfchen	21
Himbeercreme	136
Hühnerfrikassee mit Spargel	76

I/J

Italia Omelett mit Mozzarella	19
Jakobsmuscheln gratiniert	100
Johannisbeergrütze	132

K

Kabeljau in Weißweinsoße	101
Kalbsnierle	45
Kalbsrahmschnitzel	60
Kalbsrouladen	43
Kalbsschnitzel Holstein	60
Kalbsschnitzel mit Mozzarella	52
Karotten	125
Karottensuppe	29
Käse-Schinken-Grillwurst	22

Schinken	105
Kasseler mit Kraut	40
Kirscheis	137
Kirschengelee	136
Kiwi gratiniert	136
Klößchensuppe	33
Kohlrabi gebraten	125
Königsberger Klopse	39
Kopfsalat	128
Krautsalat	128

L

Lachs mit Ei	19
Lachs-Steak mit Ratatouille	90
Lachscarpaccio	16
Lachsfilet mit Garnelen	95
Lachssteak gegrillt auf Blattspinat	101
Lammfilet mit Pinienkernen	54
Lammkarree an Zucchini	59
Lammschulter an Chicorée	58
Lauch gratiniert	116
Lauch mit Speck	122
Leberspätzle	44
Leberspätzlesuppe	32
Limetteneis	137

M

Moccacreme	135
Mozzarella mit Oliven gefüllt	110
Mozzarella mit Zwiebeln	112
Muscheln in Weißweinsoße	100
Muscheln mit Käse gratiniert	100

O

Ochsenbrust	42
Omas Kalbsbrust	37

P

Papaya Fruchtsalat	134
Paprika	125
Paprika gegrillt mit Sardellen	122
Parmaschinken mit Melone	13
Pochierte Eier mit Tomaten	18
Poularde in Parmaschinken	67
Putenschnitzel Cordon bleu	70
Putenschnitzel im Käsemantel	80
Putenschnitzel Mozzarella	71
Putenschnitzel mit Camembert	74

Rezeptregister von A – Z

R

Ratatouille mediterrane Art	122
Rehmedaillon mit Morcheln	56
Rinderfilet mit Pfeffer	61
Rinderhacksteak mit Mozzarella	60
Rinderrouladen	36
Rinderschinken mit Ruccola	12
Rindfleischcarpaccio	23
Rindfleischsalat	20
Rindfleischsuppe	31
Rosenkohl	125
Rotbarsch mit Pfifferlingen	97
Rotbarsch mit Salbeibutter	96
Rotbarschfilet paniert	101
Rote Bete	126
Rotkraut	126
Rumpsteak mit Zwiebeln	61
Russische Eier	19

S

Salami	22
Saltimbocca alla romana	53
Sankt Petersfisch	84
Sauerkraut	126
Saure Kalbsleber	46
Schafskäse im Speckmantel	109
Schaschlik	61
Schinken gekocht	23
Schinkenröllchen mit Spargel	20
Schinkenspeck	22
Schokocreme	135
Scholle mit Pinien	86
Schwartenmagen in Vinaigrette	20
Schweinefilet an Morchelrahm	50
Seeteufel an Kapern	101
Spargel	129
Spinat Gnocchi mit Parmesan	120

T

Thunfischsalat	21
Tomaten mit Pfeffercreme	14
Tomaten gegrillt	127
Tomaten mit Mozzarella	123
Tomatensalat	129
Tomatensalat mit Fetakäse	123
Tomatensuppe	26

V/W

Vanillecreme	135
Weißwurst	22
Wildschweinfilet an Orangen	57
Wirsing	127
Wirsingrouladen	38
Wurstaufschnitt	23
Wurstsalat Straßburger Art	20

Z

Zander in Wein	88
Zanderklößchen	89
Ziegenkäse in Mangold	108
Ziegenkäse in Zucchini	106
Zimtcreme	135
Zimtcreme mit Kirschen	137
Zucchini	127
Zucchinisuppe	27
Zuckerschoten	127
Zunge in Madeira	48

Impressum

Wichtige Information!

Dieses Buch ist kein medizinischer Ratgeber, sondern beruht auf den eigenen Erfahrungen und Meinungen der Autorin. Die Rezepte und Anregungen wurden nach bestem Wissen erstellt. Die Autorin und der Verlag können keine Haftung für eventuell mögliche Nachteile oder Schäden, gleich welcher Art, übernehmen. Alle Hinweise und Denkanstöße entbinden Sie nicht von Ihrer weiterhin eigenen Verantwortung.

10. Auflage 2013
© 2005 Verlag Ernst Kaufmann, Lahr

Fotografie, Layout, Gestaltung, Satz, Reproduktion: Edeltraud Rückert

Printed in Slovakia

ISBN 978-3-7806-9000-5

Weitere Kochbücher nach Low Carb

Edeltraud Rückert

Die Erfolgsdiät
Low Carb light

144 Seiten / gebunden
Format: 21 x 28 cm

€ (D) 16,95 sFr 25,50 € (A) 17,50

ISBN 978-3-7806-9001-2

Edeltraud Rückert

Die Erfolgsdiät
Low Carb mediterran

144 Seiten / gebunden
Format: 21 x 28 cm

€ (D) 16,95 sFr 25,50 € (A) 17,50

ISBN 978-3-7806-9002-9

- Erfolgreich abnehmen
- Über 100 leichte, kohlenhydratarme Rezepte
- Alltagstauglich und einfach nachzukochen